FACULTÉ DE DROIT DE DIJON

DE LA POSSESSION
ET DE SES EFFETS
SPÉCIALEMENT DES ACTIONS POSSESSOIRES

THÈSE
POUR LE DOCTORAT

SOUTENUE LE 23 JANVIER 1868

Par Pierre-Louis-Joseph JOBARD

Avocat à la Cour impériale de Dijon

SOUS LA PRÉSIDENCE DE M. SERRIGNY

DOYEN DE LA FACULTÉ

Il y avait une occupation qui devait être commune : c'était l'étude des lois et de la sagesse.

(BOSSUET, *Discours sur l'histoire universelle*, t. II.)

DIJON

IMPRIMERIE J. MARCHAND, RUE DES GODRANS, 41

1868

FACULTÉ DE DROIT DE DIJON

DE LA POSSESSION

ET DE SES EFFETS

SPÉCIALEMENT DES ACTIONS POSSESSOIRES

THÈSE

POUR LE DOCTORAT

SOUTENUE LE 23 JANVIER 1868

Par Pierre-Louis-Joseph JOBARD

Avocat à la Cour impériale de Dijon

SOUS LA PRÉSIDENCE DE M. SERRIGNY

DOYEN DE LA FACULTÉ

Il y avait une occupation qui devait être commune : c'était l'étude des lois et de la sagesse.

(BOSSUET, *Discours sur l'histoire universelle,* t. II.)

DIJON

IMPRIMERIE J. MARCHAND, RUE DES GODRANS, 41

1867

A mon Père, à ma Mère.

INTRODUCTION

Soit qu'on envisage la possession dans ses causes et dans ses effets, soit qu'on l'envisage dans ses rapports avec la propriété et les moyens que les lois organisent pour sa défense, il faut reconnaître que c'est une des matières les plus importantes que le législateur ait eues à régler. L'étendue d'un pareil sujet nous a fait penser que nous pouvions, sans inconvénient, le restreindre. Ainsi, en droit romain, parmi les différents interdits qui concernent la possession, nous n'avons choisi que ceux qui servent à la retenir. Nous n'aurons donc pas à nous occuper des interdits qui tendent soit à l'acquérir, soit à la recouvrer, ni de ceux qui, réunissant ce double avantage, portent, pour cette cause, le nom d'interdits doubles, et qu'il ne faut pas confondre avec ceux dont il est question au § 7 du titre xv, livre IV, des Instituts de Justinien.

Nous ne traiterons pas davantage de la possession au point de vue de l'usucapion et de la prescription : ces deux modes d'acquérir, en droit romain, sont, en effet, placés en dehors de cet ouvrage, et c'est en les expliquant qu'il convient de montrer comment la possession peut les fonder. Notre sujet, tel que nous l'avons présenté, n'embrasse, au Digeste, que le titre II du livre XLI, les titres XVII et XXXI du livre XLIII ; au Code, le titre XXXII du livre VII. Dans ses Instituts, Justinien, au titre I du livre II, s'occupe spécialement de la propriété ; cependant il s'y rencontre des dispositions qui peuvent aussi trouver place en matière de possession. Enfin, le titre IX du même livre, sur les personnes par lesquelles on acquiert, et les paragraphes 4 et 5 du titre XV du quatrième livre des Instituts, en matière d'interdits, doivent être rappelés dans la thèse que nous allons développer.

En passant du droit romain au nôtre, nous aurons à examiner celui qui l'a précédé. Nous devons ici distinguer les pays du droit écrit, où les lois romaines conservèrent longtemps leur empire, des pays du droit coutumier, où nous irons puiser aux sources principales de celui qui nous régit. Il est regrettable que cette partie soit une de celles que Pothier semble avoir le plus négligées, et où il se rapproche bien plus du droit romain que des principes de la législation actuelle. Toutefois, les écrits des jurisconsultes anciens nous serviront, avec les ordonnances, à présenter sous son véritable jour la législation antérieure au Code de procédure. Celui-ci nous offre seulement quelques articles sur les actions possessoires. Pourquoi le législateur de 1804 n'a-t-il pas, dans le Code civil, consacré, comme Justinien l'a fait au Digeste et au recueil des constitutions impériales, un titre spécial à la possession? Là il aurait réuni les divers caractères de la possession, apprécié les formes sous lesquelles elle se présente, exposé et développé les principes qui constituent la séparation du possessoire et du pétitoire. Nous serons donc obligé de rassembler des dispositions éparses, de suppléer par le raisonnement à celles que le législateur n'a point formellement exprimées; et, après avoir cherché à résoudre les difficultés nombreuses et ardues que notre sujet peut offrir, nous pourrons constater la distance énorme qui, en matière de possession, sépare les idées de la législation moderne de celles qui dominaient au droit romain.

Bien que la tradition, dans la plupart des cas, ne soit plus aujourd'hui, comme elle l'était autrefois chez les Romains, nécessaire pour opérer le transfert de la propriété, la possession conserve toujours une grande importance, soit qu'elle fixe le droit de propriété, à défaut d'autres preuves, soit qu'elle serve de fondement à la prescription. Sous le premier point de vue, nous aurons à parler des actions possessoires, sur lesquelles nous nous proposons de fixer principalement notre attention. Nous verrons combien elles diffèrent des interdits possessoires qui étaient en usage à Rome, d'abord en ce qui concerne la procédure, ensuite quant au principe en vertu duquel l'avantage doit rester au possesseur annal.

Il s'est trouvé des hommes instruits pour contester l'utilité de ces actions, d'un juge établi pour statuer sur les difficultés que fait naître la possession, tandis que les contestations sur la propriété sont dévolues à un juge d'un degré supérieur. Nous ne rejetons pas d'une manière exclusive leurs opinions. Nous pensons, en effet, que l'attribution du possessoire et du pétitoire à des juridictions différentes n'est pas absolument nécessaire. Nous nous proposons de revenir sur ce sujet dans la partie de la thèse qui concerne le droit français.

DE LA POSSESSION

ET DE SES EFFETS

SPÉCIALEMENT DES ACTIONS POSSESSOIRES

DROIT ROMAIN

CHAPITRE PREMIER.

De l'Importance de la possession, et division de la matière.

Soit qu'on se réporte à la tradition et à ses effets, soit qu'on envisage l'occupation, ce premier mode d'acquérir le *dominium*, les conséquences tirées de la bonne foi et d'une juste cause, sous le rapport de la prescription, et l'influence des interdits possessoires sur le rôle que doivent jouer les parties, lorsqu'il s'agit plus tard de revendiquer la propriété, on est amené à reconnaître que l'étude des différents caractères de la possession et l'examen des interdits qui protégent le possesseur, sont d'une grande utilité en droit romain. On s'est demandé si la possession est un droit dont l'origine remonte avant celle de la propriété. La possession est évidemment un démembrement du droit de propriété, sans lequel on ne saurait comprendre son existence; et rien, dans les textes des lois romaines, ne vient nous apprendre qu'elle ait été reconnue auparavant. Mais nous pensons, et ici nous ne tombons pas en désaccord avec les textes, que le droit de possession, comme démembrement du domaine, a dû être réglementé en même temps que le droit de propriété. En effet, quel fut le premier mode d'acquérir, celui qui par excellence est rangé parmi les moyens naturels d'obtenir la propriété? C'est l'occupation : ce fut là, sans doute, le premier admis chez les Romains, lorsque ce peuple, encore au berceau, n'avait de célébrité que par sa pauvreté et ses mœurs belliqueuses. Eh bien! l'occupation n'est autre chose qu'une prise de possession; ainsi, pour le butin réalisé sur les champs de bataille, il importait de distinguer celui qui, le premier, avait enlevé à l'ennemi les dépouilles qu'on lui contestait, de peur que le droit de la force ne passât du théâtre de la guerre dans le camp de l'armée romaine; de même, dans l'ordre civil, quand il s'agissait de ces objets susceptibles d'être acquis par occupation, on avait à se prononcer sur des conflits de même nature; et de plus, lorsque la contestation portait sur des choses abandonnées, il fallait décider dans quels cas leur ancien propriétaire en avait perdu la possession. Après l'occupation, quel mode d'acquérir était le plus employé, sinon la tradition? A nos yeux, ce fut la voie primitive qui servit au transfert de la propriété et précéda incontestablement la mancipation, dont l'invention est pourtant si reculée. Or, n'obligeait-elle pas à rechercher les indices de la possession? Dans quelles circonstances le propriétaire joignait-il la possession au domaine? A quels signes, à quelles conditions passait-elle aux mains de l'acquéreur?

Ce sont là autant de questions, qui lui devaient naissance et nous donnent une haute idée de son ancienneté.

Avant d'aborder les interdits qu'on emploie pour la retenir, il est rationnel d'exposer la possession dans sa nature et les règles qui lui sont propres. Nous diviserons ainsi cette partie de la thèse : 1° Définition de la possession et énumération de ses différentes espèces; 2° Comment acquiert-on la possession; 3° Comment conserve-t-on la possession; 4° Comment perd-on la possession; 5° De la règle qu'on ne peut soi-même changer le titre en vertu duquel on possède.

CHAPITRE II.

Définition de la possession, et énumération de ses différentes espèces.

I.

Qu'est-ce que la Possession?

Paul, au Digeste, nous rapporte une étymologie du terme latin *possidere*, étymologie empruntée à Labéon. Elle le fait dériver de *positio* et de *sedibus*, ce qui nous montre la détention comme une condition essentielle de la possession. — Cependant des auteurs recommandables lui en préfèrent une autre qui consiste à donner le verbe *posse* pour expression générique au mot *possidere*. Sans aucun doute, cette explication s'adapte beaucoup mieux aux idées reçues sur la possession, puisqu'il faut, pour la constituer, le fait et l'intention : elle est plus conforme à ce que nous avons dit dans le chapitre précédent, à savoir, que le droit de possession est un démembrement du droit de propriété; qu'ils ont dû être réglementés tous les deux en même temps, ce qui exclut cette opinion, que, dans le principe, aux regards du législateur, la possession se présentait seulement comme un fait. Mais lorsqu'il s'agit de donner une étymologie, il ne faut pas s'attacher à celle qui, flattant le plus notre raison, est plus en harmonie avec les systèmes et la législation savante d'une époque avancée ; il est plus raisonnable de remonter jusqu'au temps où s'est formé le langage du droit et d'en consulter l'esprit. Or il est certain que les Romains, pour exprimer le fait de posséder, ont dû, bien avant qu'on en demandât une définition légale, inventer une expression que les lois ont adoptée. Quelle image pouvait frapper le plus naturellement un peuple primitif et d'une intelligence encore peu développée? Ce ne sera pas assurément l'image abstraite de la puissance que nous donnent sur une chose le fait et l'intention; mais celle d'une occupation, d'une détention réelle, et telle qu'elle puisse tomber sous nos yeux.

De ce qui précède pouvons-nous conclure que, dans les premiers âges de Rome, on faisait consister la possession dans un fait, mais non dans un droit? Nous avons déjà proposé la négative, et nous la maintenons. On nous objecte, à côté des textes qui viennent à notre appui, une foule d'autres, qui, par leur divergence, ont donné lieu à des systèmes pleins d'obscurité. La confusion qui règne à ce sujet dans les lois romaines, ne nous étonne point. La vie des nations est intimement liée à leur législation, et qui ignore l'une, bien souvent ignore l'autre. Quand un peuple s'établit, surtout sans avoir de précédent pour le guider dans sa constitution, il est contraint, par la force des choses, de soumettre à des règles précises les rapports des hommes entre eux et avec les objets sur lesquels ils exercent leur puissance : de cette sorte, ils constituent, ou, si l'on veut, ils reconnaissent implicitement des droits, avant d'avoir pu les nommer, et quelquefois même avant d'avoir su bien les distinguer. Pour que l'œuvre de la raison s'accomplisse dans les sociétés humaines, de même que chez l'homme, un travail long et pénible est indispensable, et les résultats les plus simples auxquels elle nous fait aboutir, sont parfois le fruit de bien des siècles. Nous pensons trouver un exemple de ce que nous avançons dans l'accession : car nous sommes d'avis, malgré les raisons contraires qui sont fournies par M. Ducaurroy et d'autres personnes, qu'elle était reçue chez les Romains comme un moyen d'acquérir, bien que, sous Justinien même, elle ne fût pas comprise dans l'énumération des divers modes d'acquisition, et qu'elle n'eût pas une dénomination spéciale, le mot *accessio* n'étant employé que pour désigner la chose accessoire. Du reste, la suite de cet ouvrage mettra mieux en relief la valeur du système que nous soutenons sur la nature de la possession telle que Rome l'avait admise.

Nerva nous dit que la possession naturelle fut le premier mode d'acquérir la propriété : d'où nous concluons qu'aussitôt que celle-ci dut être placée sous l'égide de la loi, il fallut que ce mode fût sanctionné par des dispositions législatives. Quant aux exemples cités dans ce passage, ils sont tirés tous de choses dont l'occupation peut procurer le domaine.

II.

Combien y a-t-il de genres de Possession?

Est-il, sans heurter le bon sens, possible de croire qu'il existe plusieurs manières de posséder? Si nous envisageons seulement le fait de possession, nous répondrons que pareille chose est impossible. Mais si nous réfléchissons que la possession réunit un double caractère : qu'elle consiste à la fois dans un fait, qui est la détention, et dans un droit, qui varie avec les causes, les circonstances et surtout avec l'intention, notre réponse sera tout opposée. Si, en fait, la possession n'offre qu'un même aspect, devons-nous rejeter, à son égard, toute espèce de démembrement, ce qui n'est plus admissible, lorsqu'il s'agit de la propriété et de ses divisions? L'affirmative paraît certaine, si l'on ne consulte que le droit : car ou l'on est possesseur, ou on ne l'est pas du tout. Cependant, la possession ne peut-elle point embrasser séparément les divers démembrements du domaine? On nous dit qu'en l'admettant nous tombons dans une erreur; qu'au lieu d'une possession telle que l'entendent les Romains, il nous faut voir une quasi-possession dans l'hypothèse précitée; et, en parlant de la sorte, on a pour soi le témoignage des jurisconsultes romains, les lois qu'ils ont étudiées ou préparées, et avec tout cela, la logique des mots, à laquelle parfois résiste le jugement, lorsque les idées combattues par elle, en droit et en raison, ne sauraient fléchir. Pour nous, nous croyons que la possession devrait être capable des mêmes démembrements que le domaine. Toutefois, le droit romain ne lui concède point cette propriété; mais les préteurs et les empereurs ont su faire céder la rigueur des principes qui dominaient, aux exigences de la vie sociale. Ils y sont parvenus par des détours, en modifiant les noms.

Mais revenons à ce que nous disions au commencement. Il existe, en droit, plusieurs manières de posséder. La division qui nous paraît la plus généralement suivie, et qui est adoptée par Pothier, est celle que nous nous proposons dans leur examen. Nous passerons donc en revue la possession naturelle et la possession civile; celle qui est dite de bonne foi, et celle qui est entachée de mauvaise foi; la possession juste et la possession injuste.

§ I.

En tête de cette division nous avons placé la possession naturelle et la possession civile. Que faut-il entendre par la première ? En n'écoutant que le bon sens, on dira : La possession naturelle est celle qui est dépourvue de tout effet civil, et la possession civile, celle qui est réglée et sanctionnée par les lois. On ouvrira ensuite le Digeste, et entre autres passages, on y remarquera le langage de Neratius et de Proculus, reproduit par Paul, l. XLI, tit. II, 3, § 3, et celui de Javolenus, ibidem, 23, pr., qui tous deux nous semblent bien conformes à notre appréciation. Le premier surtout semble parler de la possession naturelle comme de la détention simple, c'est-à-dire comme d'un fait qui, privé de l'intention, ne peut constituer un droit au profit du détenteur. Cependant, au même titre, 1, § 1, Nerva fils nous dit que la propriété dut commencer par la possession naturelle, en d'autres termes, que celle-ci fut la première voie d'acquérir.

Conviendrait-il, après ce qui vient d'être dit, de penser que la possession naturelle n'est que la détention réelle d'une chose? La définition que nous en avons donnée n'entraîne point l'affirmative. Il est des cas où la détention d'un objet, unie à l'intention, est dépourvue d'effet civil, en ce sens qu'elle ne peut fonder un droit de possession. Ainsi, le voleur a la détention de l'objet volé, et presque toujours l'intention d'en user, de le posséder comme propriétaire; car la mauvaise foi ne suffit pas pour la lui refuser. Cependant il n'a pas un droit de possession.

En définissant la possession naturelle ainsi qu'on vient de le voir, nous ne nous trouvons pas tout à fait d'accord avec Pothier. Cet auteur mêle dans ses explications ce qui concerne la possession naturelle ou civile avec ce qui regarde la possession juste ou injuste. La première a lieu lorsqu'on ne possède pas à titre de propriétaire, ou lorsqu'on détient sans droit. Cette définition étant acceptée, les conséquences qu'il en a déduites nous paraissent justes. Ainsi, dans la première hypothèse, le créancier gagiste possède naturellement et peut détenir par un autre, quand le gage lui a été livré; il peut même le détenir par le propriétaire. On peut lui assimiler le gardien d'une chose contestée. Mais dans ces deux cas, à notre avis, il s'agit bien plus d'une détention réelle que d'une possession. Pothier ajoute, avec raison, aux possesseurs naturels celui qui a demandé précairement la possession et l'a obtenue. Nous traduisons le mot latin *precario* par précairement, ce qui est loin de donner, aujourd'hui, une idée exacte de la convention *de precario*, rangée par certains interprètes au nombre des contrats réels. Pour ne pas dépasser les bornes de cet ouvrage, nous nous contenterons de renvoyer, sous ce point de vue, au titre XXVI du livre XLIII du Digeste, où il en est traité, à propos des interdits. Celui qui recevait une chose à titre de précaire, avait pu demander soit la possession elle-même, soit à profiter du droit du possesseur, c'est-à-dire, a être *in possessione*. Lorsqu'en vertu de la convention, il était seulement *in possessione*, il n'avait que la détention de la chose, et non une possession véritable.

Dans la seconde hypothèse, c'est-à-dire quand une personne possède sans droit, Pothier entend parler de celui qui possède sans titre ou en vertu d'un titre défendu. Pour mettre ce dernier point en lumière, il cite, au titre II du livre XLI du Digeste, 1, § 4 et 16, deux passages, l'un de Paul et l'autre d'Ulpien. Si le mari, dit Paul, abandonne la possession à son épouse, pour faire une libéralité, la femme peut posséder; car, le mari ayant renoncé à la possession, rien ne s'oppose à ce qu'une autre personne s'en empare. Que ceci soit conforme au système de Pothier, cela ne nous paraît pas douteux; mais ici il diffère du nôtre, puisque la possession, en passant à la femme, lui sera en quelque sorte acquise par occupation, ce qui lui constitue un droit sanctionné et protégé par la loi. Paul donne, pour motif de sa décision consacrée au Digeste, que la possession consiste en un fait plutôt que dans un droit. Nous pensons, au contraire, qu'elle doit être motivée, parce que la possession est à la fois l'un et l'autre. N'est-ce pas, en effet, un droit que nous avons d'acquérir par occupation? et la possession qui en résulte n'en conserve-t-elle pas la nature?

On donnait, en droit romain, le nom de *prædones* non-seulement à celui qui ravissait ou dérobait un objet mobilier, et qu'on désigne chez nous sous le nom de voleur; mais encore à ceux qui nous dépouillaient d'un immeuble dont nous étions possesseurs. Pothier leur reconnaît une possession naturelle. Elle était violente, ou clandestine, ou simplement injuste. La possession est violente, quand on dépouille ou quand on repousse avec violence le propriétaire. Elle est clandestine, si l'on s'en empare à son insu et furtivement, ce qui arrive lorsqu'elle a été acquise pendant son absence et que la crainte lui a fait délaisser la possession; car, tant qu'il n'a point perdu l'esprit de retour, son intention la lui conserve. Mais si, à son retour, il est repoussé, la possession de l'usurpateur est violente. Enfin, celle de l'acheteur de mauvaise foi est simplement injuste. C'est ce qui se présente, quand une personne achète sciemment de quelqu'un qui n'est point le propriétaire, et possède publiquement, protégé par l'ignorance où celui-ci demeure.

C'est au début de la possession qu'il faut se fixer pour en apprécier la violence ou la clandestinité. Par exemple, l'acheteur de bonne foi ne possède pas clandestinement, bien qu'après avoir acheté d'une personne autre que le vrai propriétaire, il cache l'objet de la vente, en venant à le reconnaître. De même, si quelqu'un s'était emparé, à la dérobée, d'un immeuble, il aurait une possession entachée de clandestinité, lors même que, dans la suite, il posséderait publiquement et sous les yeux du propriétaire. Il est inutile de dire que le propriétaire ne peut posséder clandestinement sa chose, pas plus qu'il ne peut la détenir à titre de locataire ou à titre précaire. Cette solution doit être étendue aux autres vices qui rendent la possession naturelle et non civile.

§ 2.

En appelant possession naturelle celle qui est dépourvue d'effet civil, nous devons dire de la possession civile qu'elle est reconnue, soumise à des règles par le législateur ; en un mot, qu'elle constitue un droit non-seulement au point de vue de l'équité, mais encore à celui de la loi. Mais Pothier, suivant les principes que nous avons exposés tout à l'heure, nous enseigne que, pour avoir la possession civile, il faut posséder à titre de propriétaire, et que, pour qu'elle soit juste, il faut la tenir en vertu d'une juste cause. Pour qu'il y ait juste cause, selon nous, il faut avoir obtenu la possession en vertu d'un titre reconnu par la loi. Paul en donne des exemples : tels sont l'acheteur, le donataire, le légataire, etc. C'est ici que la tradition avait des effets bien importants, puisque la convention par elle-même ne transférait pas alors la propriété, comme cela arrive le plus souvent aujourd'hui. Pour qu'il y eût juste cause, il était indispensable que la tradition fût opérée par celui qui aliénait ou par le mandataire qu'il avait choisi, tant que celui-ci n'avait pas eu connaissance d'un changement de volonté de la part du mandant; ou bien elle devait l'être par ordre du magistrat, ce qui veut dire, par autorité du préteur. Quand le mandat donnait-il le pouvoir d'exécuter la tradition ? C'est une question qui mérite d'être soulevée, mais qui nous semblerait dépasser le but de cet ouvrage.

On a déjà pu se demander pourquoi, ayant adopté une définition qui diffère de celle de Pothier sur la possession naturelle et la possession civile, nous avons néanmoins rapporté ses propres décisions dans cette partie de la thèse. Notre réponse nous paraît facile. A part les divergences que nous avons pris soin de signaler, il importe peu à quel point de vue on se place, lorsqu'on aboutit à des conclusions justes et qu'approuve la raison aussi bien que le droit. C'est ainsi que ce commentateur, très-estimé par les jurisconsultes de notre époque, nous apprend quels sont les véritables caractères de la possession juste, et par là même de celle qui est injuste; ce qui distingue la possession de bonne foi de celle de mauvaise foi; à quelles conditions la tradition transfère la possession; qu'est-ce qui distingue, en cette matière, la violence, la clandestinité et la possession injuste.

§ 3.

La possession naturelle, telle que nous l'avons définie, existe toutes les fois qu'il y a détention d'un objet, pourvu que l'intention du détenteur ne soit pas manifestement contraire à l'idée de possession, ce qui arrive lorsqu'on reçoit un objet à titre de locataire, de commodataire, de dépositaire, etc. On n'a pas alors la possession; mais on est *in possessione*, suivant le langage des jurisconsultes romains. Aussi, partant de cette distinction, Paul, au titre II du livre XLI du Digeste, 3, § 23, condamne l'opinion de Quintus Mucius, quand, parmi les différentes espèces de possesseurs, il compte ceux que le magistrat envoie détenir une chose, afin qu'elle soit confiée à leur garde, soit qu'il s'agisse de bâtiments menaçant ruine, soit qu'un créancier veuille conserver ce qui fait le gage de sa créance, soit que, pour garantir les droits d'un enfant qui n'est encore que conçu, il y ait lieu à l'envoi *ventris nomine*. Il s'en faut tellement, dit-il, que celui qui obtient la garde des bâtiments menaçant ruine en ait la possession, qu'il faudra encore, si cet état de choses dure un certain temps, un nouvel ordre du préteur pour en obtenir la possession, au moyen de laquelle il pourra, à la fin, acquérir la propriété de ces immeubles.

Paul considère la possession dans les causes qui la font acquérir, et, suivant la variété de celles-ci, il énumère autant de genres de possession. Aussi distingue-t-il la possession *pro emptore, pro donato, pro legato, pro dote, pro herede, pro noxæ dedito, pro suo*. Pour nous, nous ne voyons dans ces différentes hypothèses qu'une possession dont la nature est invariable, et qui, dans son caractère ainsi que dans ses résultats, ne doit pas être confondue avec les effets propres aux contrats qui l'ont fait naître.

A ce propos, nous dirons qu'on n'admet pas que la propriété puisse être acquise en vertu de plusieurs causes ; car, une fois qu'on est propriétaire, on ne peut pas le devenir davantage. Paul, au titre II du livre XLI du Digeste, 3, § 4, déclare positivement que, pour la possession, il faut admettre le contraire. Il cite celui qui reçoit l'objet d'une vente : cet acheteur, pendant que s'accomplit l'usucapion, possède *pro suo*; et en vertu de la vente, il possède *pro emptore*. Il cite encore l'héritier de celui qui possède *pro emptore*. Nous comprenons que les divers contrats ou causes en vertu desquels on a la possession, ont des règles spéciales que le possesseur ou prétendant à la possession est contraint d'observer; mais nous ne comprenons point qu'on puisse dire que la possession est susceptible de plus ou de moins.

Nous lisons, toujours au même titre que celui déjà cité, 3, § 5, que Paul n'admet point le concours de deux possesseurs qui posséderaient une même chose chacun pour le tout. Il rapporte que Sabinus et Trébatius étaient d'avis que celui qui a livré et celui qui a reçu à titre de précaire sont tous les deux possesseurs du même objet. Cette décision est raisonnable. Il ajoute que Trébatius ne pense pas que deux personnes puissent avoir en même temps la possession juste ou la possession injuste d'une chose; mais qu'elles peuvent très-bien la posséder si l'une possède justement et l'autre injustement, ce que blâme Labéon. Que la possession, en effet, soit juste pour l'un et injuste de la part de l'autre, cela importe peu, dit ce jurisconsulte, puisqu'en somme la nature de la possession est invariable; et Paul ajoute à ce langage de Labéon, qu'il est contre nature de voir deux personnes détenir la même chose ou occuper la même place.

Pour nous, nous ne saurions donner notre adhésion aux sentences de ces jurisconsultes qu'avec une extrême hésitation. Ils se sont laissé entraîner, nous le présumons, par cette considération, que la possession consiste principalement, sinon même exclusivement, dans un fait, appréciation contre laquelle nous avons protesté, quand nous avons placé la possession en regard de la loi. En partant de cette idée, à savoir : que la possession est un démembrement de la propriété; qu'elle se présente aux yeux du législateur autant comme un droit, je dirais presque plutôt comme un droit, que comme un fait, puisque l'intention suffit presque toujours pour la conserver, nous avons pensé qu'on pourrait, dans la question qui nous préoccupe, l'assimiler à la propriété. Or, ne voyons-nous pas qu'en droit romain plusieurs personnes peuvent être propriétaires d'une même chose pour le tout. Leur concours entraînera un partage, soit! mais le droit des copartageants en a-t-il, dans son principe, reçu un amoindrissement? et ne reprendra-t-il pas son empire si, avant le partage, le droit de l'un d'eux est résolu? Veut-on un exemple? Voyons ce qui se passait en matière de legs, sous Justinien, et même bien auparavant, quand on distinguait quatre espèces de legs principales, en nous arrêtant au legs *per vindicationem*, et nous constaterons l'application de ce qui précède aux colégataires *re et verbis*, et aux colégataires *re tantum*. Eh bien, supposons qu'un héritier ait fait la tradition à tous les colégataires réunis, ou à leur mandataire commun : doit-on trouver choquant qu'ils possèdent chacun pour le tout? Il est certain, d'après les notions du droit romain, que, si le débiteur du legs a fait la tradition de la chose léguée à l'un des colégataires, il est dépouillé de la possession, et qu'il ne peut plus en renouveler la tradition vis-à-vis d'un autre; mais cela nous paraît plus subtil que raisonnable. Quoi! le débiteur, qui détient la possession, si je puis m'exprimer ainsi, à l'égard de chacun des colégataires, et qui est obligé envers chacun d'eux à la transférer, peut, suivant son caprice, préférer l'un d'eux pour la transmettre! Sont-ils donc mandataires les uns des autres pour recueillir la possession?

CHAPITRE III.

De l'Acquisition de la Possession.

I.

Sous combien d'aspects convient-il d'envisager l'acquisition de la Possession?

On pourrait, après avoir parcouru le chapitre précédent, supposer que notre dessein est de faire, dans notre sujet, prévaloir la puissance de la loi dans un sens absolu. Mais il est bien éloigné de notre pensée de vouloir donner à l'idée du droit une extension si grande qu'elle étouffe l'œuvre du temps. Nous sommes frappé, comme tout autre, de l'influence des faits en ce qui touche la possession, nous qui ne pouvons concevoir le droit que dans ses rapports avec les événements; car, si nous essayons de le dégager du mouvement des choses humaines, nous ne courons plus qu'après une idée insaisissable. Nous ignorons si les lois romaines, dans plusieurs passages, et si certains jurisconsultes, en attribuant avec persistance le caractère d'un fait à la possession, ont eu pour but de la mettre en opposition avec la propriété, pour ne voir en celle-ci qu'un droit purement abstrait. Nous ne saurions partager leur sentiment. Que peut-il rester dans notre esprit du droit de propriété, si l'on ôte à celui-ci, par plusieurs démembrements, ce qui le relie au domaine des faits? Rien. Ne cherchons donc pas à séparer le droit de l'acte ou de l'événement : ces choses, loin d'être désunies, doivent aller conjointement, lorsqu'on veut établir une doctrine. C'est là ce qu'avaient sans doute oublié les jurisconsultes romains, en traitant de la possession ; et nous sommes disposés à croire que l'on a tenu compte trop longtemps des subtilités qui, résultant des efforts de l'imagination, entravent toujours la marche de la raison, surtout lorsqu'il s'agit d'un travail auquel tant de siècles suffisent avec peine. Du reste, on peut, à ce sujet, voir au Code, liv. VII, tit. XXXII, 10, ce que décide Constantin.

Rien n'est plus propre, à nos yeux, pour mettre en relief combien la possession est dépendante des faits, que ce qui est relatif à son acquisition. Quelles choses sont susceptibles d'être acquises? par quels moyens le sont-elles? quelles personnes sont capables d'en faire l'acquisition? quels sont ceux par qui l'on acquiert : tels sont les divers objets de ce chapitre.

II.

Quelles sont les choses dont la Possession peut être acquise? et par quels moyens en fait-on l'acquisition?

§ I.

Paul, toujours sous l'empire de cette idée que la possession ne consiste que dans un fait, nous dit qu'on ne peut posséder que les choses corporelles. Aussi, cette règle étant devenue gênante, on eut recours, lorsqu'il s'agissait de transférer d'autres démembrements du droit de propriété, à un mot, à la quasi-possession, pour exprimer une idée analogue. Au reste, il ne faut pas seulement croire que cette règle ne parut embarassante que dans l'hypothèse précitée : elle le devint bien autant quand il fut question de la tradition. Il faut dire auparavant que deux conditions sont essentielles pour acquérir la possession ; c'est Paul qui les indique lui-même ; ce sont : le fait ou la prise de la chose, et l'intention. La tradition devait donc les réunir pour transférer la possession. Or il advint qu'on trouva par trop ennuyeux d'appliquer rigoureusement les principes que nous venons de reproduire, en matière d'immeubles ; car Paul, dans le même endroit, nous dit qu'il n'est pas nécessaire, pour en acquérir la possession, de parcourir toutes les parcelles d'un fonds de terre ; mais qu'on peut se contenter d'y entrer, et même, suivant un autre passage du même auteur, on peut en prendre possession par la vue et la volonté. On peut voir sur tout ceci, au Digeste, l. XLI, tit. II, 1, § 21, et 3, pr., § 1 et s.

On trouve au même titre, 3, § 2, une opinion de Paul qu'il est bon de rapprocher de celle de Marcien, rapportée au même titre, 43. Elles ne s'excluent point, mais se fortifient mutuellement. Est-il possible d'acquérir la possession d'une portion qui n'est pas encore fixée dans un immeuble ? Le premier de ces jurisconsultes se prononce pour la négative. La solution sera-t-elle la même si la portion est indivise, mais déterminée dans sa quotité ? Le contraire est décidé par Marcien. Une pareille distinction paraît tout à la fois simple et pleine de bon sens. Mais dans quels cas une portion peut-elle être indéterminée dans sa quotité? Nous ne les trouvons pas nombreux. Veut-on parler d'une part dont l'évaluation dépend de conditions qui la laissent incertaine? Nous acceptons cette hypothèse, bien que sa quotité, encore inconnue, repose sur des bases déjà appréciables, sans lesquelles aucun droit, même celui qui naît d'une obligation, ne saurait exister, et par conséquent sans lesquelles la distinction ci-dessus exposée serait puérile. Cela étant admis, s'il existe un droit à une portion indéterminée d'un objet, il nous semble qu'on aurait pu tout au moins le reconnaître susceptible d'une quasi-possession.

Quant à l'intention, on peut se reporter à ce que dit Ulpien, Dig. l. XLI, tit. II, 34. Il résulte du sens de la première phrase que l'erreur qui porte sur l'objet lui-même, et non sur la seule désignation, empêche l'intention. Mais lorsqu'on arrive à la seconde phrase, on est obligé de reconnaître qu'elle est vraiment divinatoire, du moins à en juger par l'édition que nous avons sous les yeux. Puisque nous sommes tombés d'accord sur l'objet même, écrit Ulpien, le propriétaire aura-t-il perdu sa possession parce que l'intention, au témoignage de Celse et de Marcellus, suffit pour nous faire perdre et transférer notre possession? Nous pensons qu'au commencement il y a une lacune à combler par suite d'une erreur de copiste ou d'un mot effacé. Nous traduirons donc ainsi : Puisque nous ne sommes point tombés d'accord sur l'objet même. . . Ulpien, avant de résoudre la question ainsi posée, en fait une autre : Si l'intention peut nous faire acquérir l'objet, dans la même hypothèse, cette acquisition aura-t-elle lieu? La négative ici n'est pas douteuse; et de celle-ci il résout également la difficulté qui précède dans un sens négatif. Ainsi le propriétaire conservera la possession; car il n'entendait en être dépouillé que sous une condition, continue le même auteur. Quelle peut être cette condition, sinon que la possession fût transférée à un autre? Nous ne prétendons point critiquer un pareil motif, qui nous paraît sage; mais nous le trouvons en contradiction avec ce que dit Celse, Dig., liv. XLI, tit. II, 18, § 1. Selon ce jurisconsulte, on ne peut transmettre la possession à un fou, même lorsqu'on a été trompé sur l'état de son esprit; mais en abandonnant la possession, bien qu'elle ne lui soit point acquise, elle est réellement perdue pour nous, parce que l'intention suffit pour nous en priver. Et qu'on ne dise pas que nous désirions, ajoute-t-il, nous en dépouiller à la condition qu'elle passât de nos mains à un autre, puisque nous n'avions envie de la transmettre que parce que nous n'en voulions plus. Nous n'approuvons pas cette décision; mais voilà à quelles contradictions choquantes le refus de reconnaître dans la possession un droit tel que celui de propriété et tant d'autres, fit aboutir les jurisconsultes romains.

Il est possible que nous ayons donné à quelqu'un mandat de recevoir la possession en notre nom. Dans cette hypothèse, notre erreur, si le mandataire n'est point trompé lui-même, n'est pas un obstacle; car nous pouvons devenir possesseurs à notre insu. Cette dernière raison est confirmée par Papinien : voir au même titre, 49, § 2. Il n'en est pas de même pour l'usucapion, laquelle ne peut nous être attribuée que si nous en avons connaissance. La raison en est qu'on ne voyait, nous le répétons, que le caractère d'un fait dans la possession, opinion que nous avons rejetée comme étant trop absolue. Si l'erreur sur l'objet livré n'existe point de la part du mandant, mais ne se rencontre que chez son fondé de pouvoir, à plus forte raison, déclare Ulpien, la possession lui sera-t-elle acquise.

Notre esclave aussi nous acquiert la possession, même à notre insu. Elle peut même nous être acquise par un esclave étranger, soit que nous le possédions, soit qu'il n'ait point de possesseur, et cela à notre insu. Nous ajoutons ces derniers mots, bien qu'ils ne soient point répétés dans la phrase d'Ulpien ainsi traduite, par la raison que ce jurisconsulte nous montre assez qu'il ne fait consister la possession que dans un fait. Le texte ajoute comme condition qu'il est nécessaire que l'esclave étranger agisse en notre nom, pour nous rendre possesseur dans les circonstances déjà prévues. Pourquoi Ulpien ne distingue-t-il pas si l'esclave est possédé de mauvaise foi ou non? N'en soyons point surpris, puisqu'à ses yeux il s'agit d'un fait et non d'un droit. Voilà comment, pour demeurer conséquent avec un principe faux, on est forcé d'aboutir à des solutions peu équitables.

Nous avons affirmé que la règle en vertu de laquelle la possession ne peut s'acquérir que par la prise réelle de la chose jointe à l'intention, avait dû bien gêner les Romains, qui s'attachaient servilement au sens matériel des expressions légales, dans la crainte de tomber dans l'arbitraire, ce mal incurable qui cause la terreur des nations aussi bien que des particuliers et signale sa puissance par les révolutions les plus étonnantes. Nous en avons fourni un exemple, et en voici plusieurs autres. Si, d'après notre convention avec le vendeur, dit Paul au Digeste (v. le titre déjà cité, 1, § 21), la chose a dû être livrée à notre fondé de pouvoir, en la mettant en sa présence, elle est réputée livrée à nous-même, écrit Javolenus. De même, si j'ordonne à mon débiteur de verser ce qu'il me doit entre les mains de mon créancier, l'exécution de cet ordre équivaut, en ce qui me concerne, à une tradition. Il suffit de la vue et de la volonté pour prendre possession d'une chose telle que les immeubles, car de leur nature ils ne peuvent se déplacer. Cette prise de possession a lieu encore lorsqu'on est tombé d'accord pour la tradition en présence de la chose. La remise des clefs d'un cellier ou d'un grenier suffit également pour la tradition des choses qu'il renferme. Celse, au même titre du Digeste, 18, § 2, déclare que si le vendeur, pour exécuter l'ordre que nous lui en avons donné, dépose l'objet vendu dans notre maison, nous deviendrons possesseur de celui-ci, bien que personne n'y ait encore touché. Nous deviendrons également possesseur du fonds que, depuis notre tour, un voisin nous fait voir en nous assurant que la possession en est libre.

Javolenus va plus loin, quand il décide que la simple intention peut faire acquérir la possession de certaines choses, soit un tas de bois, soit une certaine quantité de vin renfermé dans des amphores qui se trouvent réunies. Après la vente, le seul fait d'en confier la garde à quelqu'un nous en rend possesseur. Ce n'est point, poursuit Javolenus, une tradition réelle, puisqu'il n'importe que nous ayons la garde nous-même, ou que nous l'ayons remise à un tiers. Une pareille opinion est nettement établie; mais elle paraît beaucoup contrarier ceux qui n'accordent à la possession que la nature des faits, et non du droit, quoiqu'ils aient tort, à notre avis, de s'en préoccuper; car il existe toujours un fait, celui de placer la chose sous sa surveillance ou sous celle d'un tiers. Mais ils veulent dénaturer le texte tel qu'il nous est parvenu (voir au tit. déjà cité, 51, *in fine*), pour le traduire en ce sens, que dans les cas précédents il y avait toujours une espèce de tradition réelle. Pour nous, nous ne nous donnons pas tant de peine, grâce à cette conviction où nous sommes que les jurisconsultes romains ne se comprenaient pas toujours parfaitement, lorsqu'il s'agissait de déduire les conséquences d'un principe que nous avons déclaré inadmissible.

Il est un passage aux Instituts (liv. II, tit. I, 44) qui semble prouver bien mieux que tout ce qu'avance Javolenus la possibilité d'acquérir la possession par la seule intention. Il s'agit de la possession transférée à quelqu'un qui détient déjà la chose à titre de prêt, de bail ou de dépôt. Cependant on se tire d'embarras par les considérations suivantes : Il y a eu d'abord une tradition matérielle de la chose. Sans doute, la volonté de transmettre la possession ne lui donnait pas le caractère de la tradition telle qu'il faut l'entendre; mais lorsque les effets de la première duraient encore, si la volonté de remettre la possession est venue s'y joindre, pourquoi n'y verrait-on pas une tradition réelle réunissant le fait ou la prise réelle de l'objet, et l'intention.

§ 2.

Paul, au Digeste, liv. XLI, tit. II, 3, § 3, s'occupe du trésor qui se trouve dans le fonds que nous possédons. Il cite à cet égard les systèmes de divers jurisconsultes; et leur dissentiment puise sa source, comme toujours en cette matière, dans l'idée prédominante que la possession n'est qu'un fait. Neratius et Proculus pensent que la possession naturelle, c'est-à-dire, celle qui est dépourvue d'effet civil, comme nous l'avons définie, doit précéder l'intention; or, ils sont d'avis que nous avons celle-là du moment qu'un trésor est placé dans notre propriété. D'ailleurs, malgré l'opinion de Brutus et de Manilius, nous dit Paul, il faut avoir connaissance du trésor, sans quoi l'intention nécessaire pour en devenir possesseur est absente. Mais si quelqu'un a connaissance qu'un trésor est enfoui dans sa propriété, en acquerra-t-il la propriété par une longue possession, bien qu'il sache que le trésor appartient à autrui? Cette question, résolue négativement par Paul, ne nous paraît pas être précisément à sa place, puisqu'elle concerne spécialement la propriété. Quant à la possession, Paul partage l'avis de Sabinus, qui exige non-seulement la connaissance du trésor, mais encore son déplacement, afin qu'il soit réellement sous la surveillance du propriétaire du fonds. Sur ce point nous avons des doutes : le propriétaire, en effet, ne peut-il pas, pendant un certain temps, laisser le trésor dans la même place que celle où il était avant sa découverte, si elle lui paraît convenable? Voudrait-on l'obliger à l'enlever pour l'y remettre aussitôt? Je m'étonne qu'après s'être montré si ingénieux pour simplifier les formes de la tradition, on soit encore aussi exigeant pour la possession du trésor.

Nous lisons au Digeste (voir le titre déjà cité, 23) que la prise réelle de possession est exigée de l'héritier, non pour acquérir les droits du défunt, mais la possession des biens héréditaires; et nous voyons plus loin, 30, § 5, cette décision de Javolenus confirmée par Paul, qui nous déclare que le fermier du défunt ne fait point, par sa détention, acquérir la possession à l'héritier, attendu que l'intention ne suffit point pour devenir possesseur. Mais, ajoute le dernier, si le défunt possédait pour accomplir l'usucapion, par exemple, à titre d'acheteur, l'héritier aussi continuera l'usucapion par le fermier. D'ailleurs, l'usucapion peut être accomplie même avant l'adition d'hérédité; car il suffit qu'elle ait commencé dans la personne du défunt. Toutes ces différences entre l'usucapion et la possession proviennent de ce qu'on aimait à faire dominer la nature du droit dans l'usucapion, tandis qu'on s'obstinait à ne voir qu'un fait dans la possession, du moins à l'époque où ces jurisconsultes écrivaient; et, malgré ce que nous avons vu au Code, liv. VII, tit. xxxii, 10, de l'empereur Constantin, nous persistons à croire qu'il resta jusqu'à Justinien une confusion regrettable sur la double origine de la possession. Comme certains jurisconsultes n'admettaient pas que plus d'une personne dût posséder à la fois et pour le tout un même objet, on aurait pu leur demander si, malgré l'héritier qui usucapait, un tiers pouvait avoir la possession de la chose héréditaire. Mais, en ne consultant que l'esprit des lois et des jurisconsultes romains, nous croyons la négative seule admissible. Il fallait en effet posséder, par conséquent détenir pour l'usucapion, ce qui exclut une possession étrangère; mais cette solution achève de rendre plus choquante la distinction ci-dessus établie à l'égard de l'héritier.

L'accession était-elle chez les Romains un moyen d'acquérir la possession? Il est évident que ceux qui regardent l'accession comme un mode d'acquérir la propriété, doivent admettre qu'avec celle-ci on acquiert ses démembrements, et la possession est l'un de ces derniers. L'accession est une sorte d'occupation faite par la chose qui nous appartient, de ce qui n'était pas à nous. Or, pour occuper une chose, il faut en prendre possession : d'où nous concluons que l'accession nous rend possesseur. Mais on nous répond qu'il répugne d'admettre qu'une chose prenne possession pour son propriétaire, et on nous renvoie à Paul, qui ne pense pas qu'un fonds de terre fasse acquérir à son maître la possession du trésor déposé dans son domaine, même quand il en a connaissance. Nous avons critiqué l'opinion de Paul ; mais nous dirons seulement que le trésor, n'étant pas un accessoire du champ, demeure étranger aux règles de l'accession. On insiste cependant en disant : Où peut-on voir l'intention quand une chose s'empare d'une autre, surtout quand le propriétaire de la première n'en est pas averti? Nous pourrions répondre que nous n'avons point à justifier l'accession, mais à la prendre telle qu'elle est organisée par les lois romaines. Toutefois, nous essayerons de montrer la justesse de notre première idée.

On dit qu'il répugne de reconnaître que la prise de possession puisse être faite pour nous par notre chose. Mais l'esclave aussi est une chose, et cependant il nous rend possesseur. Quant à l'intention, souvent nous pouvons avoir connaissance des modifications subies par les biens de notre domaine. Dans le cas contraire, il faut se rappeler que l'esclave, placé lui-même au rang des choses, fait acquérir à son maître, même à l'insu de celui-ci, la possession de ce qui entre dans son pécule. N'est-il point naturel d'étendre, pour acquérir la possession, le mandat tacite qui résulte ici de l'abandon du pécule fait à l'esclave, à tout ce qui est en rapport direct avec le maître par le droit de propriété? On objecte que, dans la première hypothèse, on trouve un acte du maître, la remise du pécule, comme indice de sa volonté. Mais est-il besoin ici d'un acte semblable, quand la loi, par des considérations d'un ordre élevé, y supplée par ses propres dispositions? Si elle n'aborde pas la question aussi franchement que nous le faisons en ce moment, elle la résout implicitement dans notre sens par ces dernières. Nous ne voulons point entrer à ce propos, comme cela semble utile, dans la discussion sur le point de savoir si l'accession est un mode d'acquérir le domaine. Nous renvoyons à cet égard à l'excellente dissertation de M. Ortolan, dans ses commentaires sur les Instituts. Nous nous contenterons de remarquer que l'occupation des choses qui ne sont à personne ou qui ne sont pas reconnaissables, lorsqu'elle s'opère par les choses de notre domaine, est un exemple qui rend l'opinion de cet auteur irréfutable. Il est cependant des personnes qui, malgré la réunion des signes extérieurs, des effets de la propriété, contestent à l'accession le caractère que nous lui reconnaissons. Nous respectons non-seulement ces personnes, mais encore leurs opinions. Toutefois nous apprécions ces dernières avec indépendance. Leur manière de voir nous paraît basée sur la distinction du droit et du fait; or nous avons dit qu'en doctrine au moins il ne faut pas les séparer. A quoi sert de refuser le nom d'acquisition de la propriété à l'accession, quand elle en offre tous les caractères saisissables? C'est une dispute de mots qui ne peut que gêner le bon sens et mettre obstacle aux progrès dans l'étude des lois.

Une personne peut être propriétaire, et une autre possesseur de la même chose. Dans ce dernier cas, le possesseur pourra-t-il acquérir par elle la possession des objets qui s'y réunissent? Pourquoi non? On ne trouvera point ridicule que le possesseur d'une ruche devienne possesseur des abeilles qui viendront s'y fixer.

III.

Des Personnes qui peuvent acquérir la Possession et de celles qui peuvent nous l'acquérir.

§ 1.

Nous passons maintenant aux personnes qui peuvent acquérir la possession pour elles-mêmes. Ce sont d'abord celles qui peuvent en avoir l'intention. Paul aussi n'y compte point le fou, ni le pupille qui n'a point l'autorisation du tuteur. Il les assimile à une personne que le sommeil prive de ses facultés intellectuelles. Cette assimilation est un peu forte, surtout dans la bouche d'un jurisconsulte qui ne voit qu'un fait dans la possession. C'est pourquoi il fait aussitôt une exception pour le pupille non autorisé, pourvu qu'il soit d'un âge à comprendre ce qu'il fait. En ce qui concerne l'enfant qui n'a pas encore atteint cet âge, comme le tuteur ne représente point les mineurs en droit romain, on aurait dû lui refuser l'acquisition de la possession par l'intermédiaire du tuteur, ce qui parut trop rigoureux, comme le remarque l'empereur Décius dans un passage du Code, liv. VII, tit. 32, 3. Les auteurs étaient néanmoins partagés sur cette question, comme le fait observer la constitution citée. Toutefois, bien qu'il n'y soit pas question du tuteur, sans aucun doute, on ne doit voir là qu'un oubli, puisqu'il s'agit d'un pupille, qui ne peut acquérir seul la possession.

A propos du pupille, Paul ajoute qu'il peut, avec le concours du tuteur, donner à son esclave, pubère ou non, mandat d'acquérir la possession, ce qui ne doit pas s'entendre des choses qui entrent dans le pécule de l'esclave; car le maître devient possesseur de celles-ci, même à son insu.

Plus loin le même jurisconsulte parle des municipes, et déclare que ces villes ne peuvent rien posséder par elles-mêmes. La raison qu'il en veut apporter ne nous semble pas exprimée dans des termes bien clairs. Des auteurs qui ont partagé notre embarras, ont pensé qu'ils se tiraient d'affaire en remplaçant un mot dans le texte (*uni* par *universi*); ce qui n'a pu à nos yeux rendre le langage de Paul plus certain. Voici notre manière de l'interpréter : Les municipes ne forment point un individu, un être moral capable de consentir; les citoyens de ces villes ne peuvent non plus posséder, chacun pour le tout, une même chose: d'où il faut conclure que ces cités ne possèdent point; mais que leurs habitants usent en commun des choses qui leur sont dévolues. Il est vrai que Nerva fils voulait faire une exception pour les choses qui entrent dans le pécule des esclaves des municipes; mais Paul la rejette en disant que ces villes ne possèdent pas même les esclaves.

Nous sommes obligé d'avouer qu'un pareil système est bien opposé à ce que nous savons des corporations en droit romain, au nombre desquelles se rangent les municipes. Ces êtres de création juridique, capables d'avoir des droits et de les exercer, ne pourraient pas posséder! S'ils peuvent agir, ils doivent au moins avoir la possession, que Paul considère comme un fait. Du reste, Ulpien est d'un avis tout différent (voir au même livre, tit. II, 2). Il va de soi que les corporations ne peuvent posséder qu'au moyen d'une personne qui les représente.

Nous terminerons ce qui concerne les personnes capables d'acquérir la possession, en rappelant ce que dit Papinien, au Digeste, liv. XLI, tit. II, 49, § 1. Les personnes qui sont au pouvoir d'autrui, ne peuvent rien acquérir pour elles-mêmes. Parmi elles les esclaves figurent au premier rang; viennent ensuite les fils de famille; mais on sait que l'on admit à la longue différents pécules dont ils eurent à la fois la propriété et la possession. Enfin, sous Justinien (voir les Instituts, liv. II, tit. IX, 1), ce qui obvient au *fils* par la chose du père continue d'appartenir à celui-ci; mais tous les biens qui entrent dans le pécule adventice échappent au père en ce qui touche la propriété et la possession, et ce dernier en acquiert seulement l'usufruit.

Depuis longtemps, sous Justinien, le pouvoir du mari sur la femme a disparu. Le pouvoir sur l'homme libre, le *mancipium*, conservé dans un seul cas (voir au Code, liv. IV, tit. XLIII), est complétement aboli. Du temps de Gaius (voir les Commentaires, II), on doutait si les personnes que nous avions *in mancipio* ou *in manu* pouvaient nous acquérir la possession, bien qu'elles nous fissent acquérir la propriété. Le motif de douter était que nous ne les avions pas en notre possession. Pour nous, qui considérons la possession comme un démembrement de la propriété, comme un droit, nous ne nous expliquons le doute de Gaius que par l'admission de ce principe que la possession est plutôt un fait qu'un droit.

§ 2.

Nous pouvons acquérir la possession non-seulement par nous-mêmes, mais encore par les personnes qui sont en notre pouvoir, par celles dont nous avons l'usufruit, ou que nous possédons de bonne foi, et quelquefois par les étrangers.

Bien qu'il faille être présent au moment où l'on acquiert la possession, puisqu'on la fait consister dans une occupation physique, les personnes qui sont sous notre puissance peuvent nous rendre possesseurs (voir les Commentaires de Gaius, II). Mais il faut que nous en ayons la connaissance jointe à la volonté, c'est-à-dire, l'intention. Cette dernière condition n'est pas exigée à chaque acquisition, lorsque le fils ou l'esclave font, à titre de possession, entrer quelque chose dans le pécule que nous leur confions. Dans cette dernière hypothèse, il existe entre eux et nous quelque chose qui se rapproche beaucoup d'un mandat général et équivaut à notre consentement. Paul en conclut (Dig. lib. XLI, tit. II, 1, § 5) que l'enfant privé encore de l'intelligence nécessaire pour avoir l'intention d'acquérir et que le fou peuvent devenir possesseurs par l'esclave qui leur appartient. De même, l'héritier devient possesseur et peut usucaper par l'esclave héréditaire. Une exception si large à la règle précédente ne tend qu'à éviter au maître ou au père l'ennui d'entrer trop souvent dans les détails et l'examen du pécule.

Il ne faudrait pas étendre cette exception à la possession des choses qui n'entrent point dans le pécule, sans quoi on ne pourrait prétexter que l'abandon du pécule fait supposer le consentement du maître quand l'esclave lui fait acquérir. Ceci nous paraît confirmé par ce que déclare Papinien au même titre du Digeste, 44, § 1. Si certains textes passent sous silence cette distinction quand elle devrait être rappelée, il ne faut y voir qu'un oubli. Ajoutons qu'il ne faut pas que la possession acquise par l'esclave soit frauduleuse ou injuste. On ne peut pas, en effet, présumer que le maître y consente et qu'il l'approuve à l'avance : par conséquent son intention fait défaut à l'esclave.

Il faut posséder l'esclave pour acquérir par lui la possession. Ainsi, dit Julien, suivant le témoignage de Paul, celui qui remet au créancier la détention réelle d'un esclave pour gage de la dette, ne peut devenir possesseur par ce dernier; cet esclave ne peut lui servir que pour l'usucapion. Cela prouve encore une fois de plus que les jurisconsultes romains faisaient, dans la possession, dominer le fait sur le droit. Cependant, pour usucaper, il fallait posséder, et la remise de l'esclave à titre de gage ne l'empêchait pas d'usucaper pour le maître. Assurément, en lisant ce passage, nous ne partageons point l'admiration de ceux qui appellent le droit romain la raison écrite. Quant au créancier gagiste, il n'a que la détention de l'esclave ou, si l'on veut, une possession imparfaite. Du reste, qu'on justifie comme on pourra le langage de Paul, la raison n'en sera pas plus satisfaite. Le sens du mot *possidere* est singulièrement altéré quand il l'applique au créancier qui détient l'esclave.

Si un esclave demeure en liberté, il n'acquiert la possession ni pour lui ni pour d'autres (Dig. liv. XLI, tit. II, 31, § 2). Dans ce cas il peut acquérir la possession pour un autre, en agissant au nom de ce dernier comme le ferait un étranger. En se plaçant au point de vue des jurisconsultes romains, on étendra cette dernière faculté à l'esclave détenu par un créancier gagiste (voir au même livre, tit. II, 34, § 2).

Ulpien, au même livre du Digeste, tit. II, 4, apprend que le père devient possesseur de tout ce que le fils acquiert et fait entrer dans son pécule, quand même il ignore que ce fils est en sa puissance, bien plus, lors même qu'il est possédé comme étant esclave par un étranger. Pourquoi cette différence entre le fils et l'esclave? Faut-il dire que le fils, étant né libre, ne peut être possédé; que nous n'acquérons par lui la possession qu'en vertu de la puissance paternelle, ce qui rend indifférent qu'il soit possédé en qualité d'esclave par un étranger? Cette explication a du mérite.

Paul nous rapporte que Nerva fils enseignait que l'esclave en fuite ne peut rien nous faire posséder, bien que nous en restions possesseurs par l'intention, tant qu'aucun autre n'en a pris la possession, et qu'ainsi nous puissions l'acquérir par usucapion pendant le temps de la fuite; Mais Cassius et Julien d'une part (Dig. liv. XLI, tit. II, 1, § 14), Hermogenius de l'autre, même titre, 50, § 1, déclarent que l'on devient possesseur par son esclave, même s'il est en fuite, pourvu qu'aucun autre n'en ait pris possession. Nous approuvons ces derniers, puisque l'intention suffit pour retenir la possession de l'esclave. Pomponius ne pensait pas comme nous (v. Dig., liv. VI, tit. II, 15). Sans doute l'opinion de Cassius n'avait pas prévalu de son temps. Il ne faut pas que l'esclave en fuite agisse comme s'il était libre, pour que cet avis soit juste. Alors, en effet, il possède et sa liberté, et ce qu'il acquiert en son nom personnel.

Paul nous dit que les anciens jurisconsultes déclarèrent incapable de faire acquérir à l'héritier la possession des biens d'une hérédité l'esclave, qui en fait partie. Cujas en donne pour motif que, l'esclave étant acquis au moyen de l'hérédité, l'inverse ne saurait avoir lieu: car il répugne que deux choses soient réciproquement la cause l'une de l'autre. Nous pensons que les jurisconsultes dont veut parler Paul n'avaient pas tout à fait suivi le raisonnement de Cujas. Ils auront fait celui-ci : A moins qu'un esclave ne soit possédé par nous, il ne nous rend point possesseur; or l'esclave héréditaire n'est point possédé par l'héritier tant que celui-ci n'a point pris possession de l'hérédité : donc..... Ce qui nous confirme dans cette croyance, est ce que nous lisons au Digeste, liv. XLI, tit. II, 38, § 2. Si celui qui a vendu un esclave, nous dit Julien, le livre à l'héritier de l'acheteur, celui-ci, devenu possesseur de l'eslave, pourra, par son intermédiaire, acquérir l'hérédité. Pourquoi? C'est que, les droits passant sur la tête de l'héritier sans qu'il soit besoin de tradition, celui-ci a pu, sans prendre possession de l'hérédité, succéder au droit de l'acheteur, et prendre ainsi possession de l'esclave en vertu de la vente. Tel est ce qu'a voulu dire Julien dans un langage selon nous assez obscur. La vente n'est citée ici qu'à titre d'exemple. Pour terminer, nous dirons que l'explication de Cujas, rapportée plus haut, convient mieux à une époque où le droit domine autant que le fait dans la possession.

Paul, après avoir posé la règle que nous connaissons au sujet de l'esclave héréditaire, se demande si l'on devrait décider également que, dans le cas de legs ou de donation comprenant plusieurs esclaves, on ne pourrait acquérir par l'un d'eux la possession des autres. Il se prononce en sens contraire; et Papinien, au même titre 48, nous donne un exemple où il nous développe la même idée que ce jurisconsulte. Il faut, pour l'affirmative, qu'il y ait eu un esclave parvenu entre les mains du légataire ou du donataire, pour qu'il puisse à son tour prendre possession des autres choses données ou léguées à son nouveau maître. Paul ajoute que, si un esclave héréditaire a été légué à l'héritier institué, celui-ci pourra, par son intermédiaire, acquérir la possession des fonds dont se compose l'hérédité : il le pourra, en vertu du legs, qui ajoute à la possession de l'esclave une cause n'existant point pour celle des biens héréditaires. Cela est si naturel, qu'on aurait pu ne point le dire. Nous décidons également, poursuit le même jurisconsulte, que l'esclave commun, c'est-à-dire qui appartient à plusieurs par indivis, peut, si nous lui en avons donné l'ordre, prendre possession de l'hérédité en notre nom, à cause du droit que nous avons sur lui. De tout ce qui précède il résulte que l'adition était un mode d'acquérir la possession. En matière de possession, il y avait autrefois à Rome, comme on le sait, trois manières de faire adition : la crétion, ou déclaration faite en termes sacramentels, qui n'existait plus depuis Arcadius, Honorius et Théodose; l'adition proprement dite, ou déclaration soit écrite, soit verbale, sans termes sacramentels ; et l'immixtion dans les affaires de l'hérédité. Ce n'est pas ici le lieu de les voir en détail. Il suffit de savoir que c'étaient autant de modes d'acquérir la possession. Pourquoi l'héritier ne pourrait-il pas ici, comme en matière de legs, prendre possession de l'esclave héréditaire, pour que ce dernier fasse adition du reste de l'hérédité au nom de son nouveau maître ? C'est que l'adition ne peut être partielle.

Par l'esclave commun nous pouvons, s'il agit en notre nom, acquérir la possession comme la propriété; mais il faut non-seulement que le maître consente à ce que l'esclave, commun ou non, prenne possession, pour qu'elle soit acquise à lui-même. Il est encore indispensable que cet esclave ne la prenne pas avec l'intention de rendre un autre que son maître possesseur. Il importe peu qu'il entende acquérir la possession non pour le compte de celui-ci, mais pour le sien propre; car l'esclave qui n'est pas en possession de la liberté ne peut rien avoir qui n'appartienne à son propriétaire.

L'esclave dont on a l'usufruit, peut nous rendre possesseur, si l'on considère le produit de ses travaux ou les acquisitions qu'il tire de notre chose. Quant à celui dont nous avons l'usage, bien que Paul n'en parle pas plus que Justinien dans les Instituts, en ce qui touche la possession, nous sommes d'avis que l'usager peut acquérir par lui la possession, comme il acquiert la propriété de ce qui résulte de l'usage qu'il en peut faire sur ses propres biens ou dans ses propres affaires; mais s'il le fait travailler pour d'autres que lui, il n'en recueillera point le salaire, qui alors est un fruit.

Nous avons posé en principe qu'il est indispensable que nous possédions l'esclave qui nous fait acquérir la possession. Cela ne nous paraît point douteux d'après les textes que nous avons déjà parcourus. Mais cette condition est-elle vraiment exigée, lorsqu'il s'agit d'un esclave sur lequel on a un droit d'usufruit? Nous avons, en quelque endroit, déclaré qu'il fallait ne pas confondre la possession avec l'usufruit. Devons-nous en conclure qu'ils sont complétement distincts? Nous sommes porté à croire qu'entre cette solution et celle qui lui est opposée, on en peut trouver une autre qui est plus conforme à la vérité. Nous avons aussi admis que la possession est susceptible de démembrements analogues à ceux du droit de propriété : on ne s'étonnera donc pas que nous reconnaissions dans l'usufruit un démembrement, une sorte de possession, qui suffit pour que l'esclave nous rende possesseur de ce qu'il acquiert pour nous. Qu'on appelle cela une quasi-possession ou une possession naturelle, nous n'attendons pas son nom pour croire qu'elle existe, lorsque ses résultats ont reçu une consécration législative.

Nous devenons encore possesseurs par les esclaves d'autrui ou les hommes libres, quand nous les possédons de bonne foi eux-mêmes. Quant aux derniers, nous avons signalé plus haut une exception : les fils de famille acquièrent à leurs pères, bien que ceux-ci n'en soient point possesseurs. Si nous possédons de mauvaise foi des individus qui ne nous appartiennent point, qu'ils soient libres ou non, nous n'acquérons point par eux la possession, sauf ce qui a été dit sur le cas où la possession a été acquise en notre nom. On sait d'ailleurs que l'esclave possédé par un étranger ne peut rien acquérir pour son compte, ni pour celui de son maître.

A ce propos, Javolenus se demande (voir au Digeste, livre XLI, tit. II, 23, § 2) ce qu'il adviendra lorsqu'on enchaîne une personne libre pour la posséder. Il pense que l'auteur de la violence ne la possède point civilement et ne peut ainsi acquérir par son moyen la possession de ce qu'elle possède elle-même. On sait, en effet, qu'on ne peut perdre la liberté malgré soi : de même, l'intention seule de la personne enchaînée suffit, malgré toutes les violences, pour lui conserver en droit sa liberté. Comme la puissance paternelle ne s'acquiert point par possession, il est certain que nous ne pouvons rien acquérir par celui sur lequel nous nous attribuons à tort cette puissance

§ 3.

Nous pouvons encore acquérir la possession, nous dit Paul au Digeste, livre XLI, tit. 1, § 20, par un procureur, un tuteur et un curateur. Mais comme il s'agit alors de personnes que nous ne possédons point, de personnes étrangères, il est nécessaire qu'elles prennent possession en notre nom, qu'elles agissent comme les instruments de notre volonté. A ce sujet, cet auteur fait la réflexion suivante : Si, dans une semblable hypothèse, la possession ne nous parvenait pas, personne ne posséderait, ni celui à qui aurait été faite la tradition, puisque l'intention lui manquerait, ni celui qui aurait livré, parce qu'il aurait abandonné la possession. Nous pensons qu'en ce qui concerne le dernier, Celse était d'un avis contraire (voir ce qu'il dit de la vente faite à un fou, au même titre, 18, § 1). Dans les deux cas, en effet, il y a identité de motifs pour décider de la même manière; mais nous ne reviendrons point sur ce que nous avons déjà dit. Quant au procureur, on trouve au Code, livre VII, tit. xxxii, 8, un passage où il est dit qu'à cause de l'utilité on admit que, par son intermédiaire, on peut acquérir la possession, comme aussi le domaine. Les empereurs Dioclétien et Maximien ajoutent, en nous apprenant cela, que la possession ne peut pas cependant être séparée de la propriété : *Etsi proprietas ab hac separari non possit.* S'ils prétendaient parler en philosophes, nous sommes de leur avis;

mais comme interprètes des lois, nous n'en sommes plus.

Ces empereurs nous disent que c'est par utilité qu'on admit l'office d'un procureur pour nous faire acquérir immédiatement la possession. C'est ce qui nous prouve que dans le commencement il n'en fut pas de même. A n'envisager que le fait dans la prise de possession, il semble bien que ce n'est pas là une dérogation au principe que chacun peut seul pour soi-même agir dans les actes juridiques ; et c'est là, sans doute, ce qu'avaient en vue les jurisconsultes de Rome. Mais si l'on pense avec nous que la possession était déjà traitée comme un droit véritable, quoique dans grand nombre de textes on s'occupe d'elle sous un point de vue qui semble nous donner tort, on dira que le fait qui l'engendre est un acte juridique auquel, sans l'exception déjà signalée, la règle commune devrait s'appliquer. D'ailleurs, la dérogation devient d'autant plus frappante, qu'au même titre du Code, 1, on dit qu'une personne libre nous rend possesseur à notre insu. Pour bien entendre cette dernière disposition, il convient d'en rapprocher ce qu'avance Ulpien au Digeste, livre XLI, tit. II, 42, § 1. D'après ce jurisconsulte, pour qu'une personne étrangère nous fasse acquérir la possession, il faut tout au moins que nous lui ayons donné mandat d'acheter pour nous, ou, si ce mandat n'existe point, que nous ratifiions l'achat qui a été fait pour notre compte.

En disant qu'une personne libre peut nous rendre possesseur à notre insu, les empereurs Sévère et Antonin ajoutent qu'il est nécessaire que nous ayons connaissance de ce qui s'est passé, si l'on veut que l'usucapion commence. Nous nous expliquons cette différence établie entre l'usucapion et la possession, parce que, ne considérant que le fait dans cette dernière, on pensait qu'il n'y avait pas lieu de se montrer aussi rigoureux que quand il s'agit d'un droit bien reconnu, tel que l'usucapion.

Il nous reste maintenant à examiner quelles conditions doivent réunir les personnes qui nous font acquérir la possession. Paul nous dit, Digeste, livre XLI, tit. II, 1, § 9, qu'elles doivent avoir au moins l'intelligence de ce qu'elles font. Aussi, poursuit-il, l'esclave atteint de folie ne peut y être compris. L'impubère en fera partie, s'il est de cet âge où il peut acquérir, surtout avec l'assistance du tuteur. Quand elles ne sont point en notre puissance, il faut qu'elles prennent possession en notre nom pour nous rendre possesseur. Cette condition n'est point requise pour les autres, telles que les esclaves dont nous avons l'usufruit, ceux que nous possédons de bonne foi. Il suffit qu'elles ne prennent point possession pour un autre que le maître auquel elles sont soumises; car, ne possédant rien pour elles-mêmes, c'est ce dernier qui possède ce qu'elles acquièrent en leur nom personnel.

En terminant ce chapitre, nous rappellerons ce que nous avons dit au commencement, à savoir que non-seulement le droit domine dans la possession, mais que les faits y jouent un rôle très-important. Il est dommage que, par des distinctions qui tendent trop à faire prévaloir ceux-ci et à faire méconnaître son véritable caractère, on ait établi entre la possession et les autres droits, l'usucapion principalement, des différences qui, amenées par la logique et conformes au droit strict, ne paraissent être, le plus souvent, que de vaines dissertations et des subtilités, lorsqu'on les rapproche du bon sens et de l'équité. On nous reprochera peut-être d'avoir été nous-même trop exclusif, en déclarant qu'on avait réglementé la possession sans y reconnaître expressément un droit; qu'au Code et au Digeste nous recevrons un démenti. Nous répondrons que les passages auxquels on fait allusion sont peu nombreux, qu'ils marquent un retour bien tardif sur les erreurs, les subtilités d'une législation ancienne, et qu'ils en laissent subsister une grande partie, d'où naît une certaine confusion pour celui qui essaye d'interpréter, en matière de possession, les lois romaines.

CHAPITRE IV.

Comment conserve-t-on la Possession?

I.

Par quelles personnes la Possession nous est-elle conservée?

De même que nous acquérons la possession par les autres, de même nous ne la conservons pas seulement par nous-même. C'est ce que nous dit Paul au Digeste, livre XLI, tit. II, 3, § 12. Cela doit s'entendre d'abord des personnes qui sont soumises à notre puissance, et aussi des autres qui possèdent en notre nom. Dans les Instituts, au titre des interdits, V, Justinien, en parlant des dernières, nous cite, à titre d'exemple, le fermier, le locataire, le dépositaire, l'emprunteur. Pomponius, au titre du Digeste ci-dessus indiqué, 25, § 1, nous dit qu'il importe peu que les fermiers, locataires ou esclaves par qui nous possédons viennent à mourir, à perdre la raison ou à louer à d'autres personnes; car notre possession, dit-il, n'en est pas interrompue. Tout cela est conforme à l'équité et ne déroge point au droit strict, puisque l'intention suffit pour retenir la possession. Quand même, dit Paul, au même titre, 36, § 5, le fonds que je possède par un locataire, un emprunteur ou un dépositaire, passerait entre les mains d'un nombre quelconque de personnes, par une série de prêts ou de dépôts, et que celles-ci se tromperaient sur le véritable propriétaire, je resterais possesseur. Plus loin, ce jurisconsulte suppose qu'un locataire a vendu la chose louée à un tiers induit en erreur; qu'il la détient encore par un nouveau bail passé avec celui-ci, et qu'il continue de payer à chacun de ceux qui lui ont loué la chose le prix convenu: le premier qui a loué, dit-il, conserve la possession. La raison qu'on en donne est celle-ci: Deux personnes ne peuvent posséder une même chose dans son intégralité; or le locataire, se trouvant déjà en possession au nom du premier, ne peut pas s'y trouver encore au nom d'un autre. Pour nous, nous acceptons ce que dit Paul, à cause de l'équité; mais nous n'essayons pas de l'expliquer suivant le droit strict. L'acheteur, en effet, lorsqu'il est de bonne foi, acquiert la possession par la tradition, voire même s'il est de mauvaise foi; or, lorsqu'il laisse la détention au vendeur à titre de location, n'y a-t-il pas une tradition feinte qui le rend possesseur? Ainsi, à ne raisonner que suivant les principes du droit strict, il devrait avoir pour le moins autant de droit que le premier qui a loué au vendeur.

Nous conservons la possession par l'un des associés, lorsqu'il détient l'objet commun au nom de tous les autres: voir au Digeste ce que dit Ulpien de l'esclave commun, au dernier titre cité, 48, pr. Paul, au même titre, 32, pr., nous dit que le pupille, qui ne peut s'obliger sans l'assistance du tuteur, peut néanmoins nous conserver la possession. Nous le croyons sans peine, puisqu'il ne s'agit pas alors d'une obligation, et que la détention n'est qu'un fait, tandis que le droit de possession réside sur notre tête. Enfin Gaius, même titre, 9, déclare que nous possédons par toute personne qui détient en notre nom, telle qu'un procureur, et même un hôte, un ami.

II.

Quelles conditions sont requises pour conserver la Possession?

Pour retenir la possession, il faut, comme pour l'acquérir, l'intention de posséder. C'est ce que Paul explique en disant : Nous possédons en vertu de l'intention, sans détenir la chose nous-même, mais par un tiers. Nous ne devons point, poursuit-il, nous préoccuper de ce que dans certaines circonstances nous possédons à notre insu, par exemple ce qui entre dans le pécule de notre esclave; car, nous l'avons fait déjà remarquer en traitant de l'acquisition de la possession, l'abandon du pécule à l'esclave prouve l'autorisation que nous lui donnons, notre intention de posséder.

De ce que l'intention seule suffit pour retenir la possession, Paul conclut que nous continuons de posséder les terres que nous abandonnons un certain temps à cause des grands froids ou des grandes chaleurs. Ainsi (voir au Code, livre VII, tit. xxxii, 4), qu'une contrainte physique ou morale nous empêche de cultiver nos terres, mais non avec l'esprit d'un complet abandon, notre volonté seule nous en conserve la possession. Cette règle que l'intention seule suffit pour demeurer possesseur, ne reçoit une application absolue qu'en matière d'immeubles. Quant aux choses mobilières, nous verrons plus loin qu'on est possesseur à la condition de pouvoir exercer sur elles son droit de garde.

Nous approuvons fort les lois romaines, à propos de la manière dont la possession est conservée, d'être entrées dans une voie où le fait purement intellectuel, c'est-à-dire la volonté ou l'intention, domine beaucoup, par l'importance qu'on y attache, l'acte matériel, c'est-à-dire la détention, qui est l'un des éléments de la possession. N'est-ce point reconnaître indirectement que celle-ci est un droit, puisque l'intention, sauf les modifications apportées par les lois, suffit en principe pour la conserver? Nous aurions donc voulu constater le même progrès en ce qui touche l'acquisition de la possession; mais, si les jurisconsultes de l'ancien empire romain n'ont pas osé la traiter en cette matière comme un droit véritable et lui en donner le nom, du moins ils ont bien su faire plier la tradition aux exigences de la vie sociale et aux lumières d'une époque avancée.

Paul, partant de ce principe que la possession se conserve par l'intention seulement, enseigne que, le fermier étant mort, ou, si l'on veut même, ayant abandonné l'immeuble affermé, notre volonté suffit pour nous garder la possession (Digeste, liv. XLI, t. II, 3, § 8).

Supposons que l'héritier du fermier n'ait pas succédé aux obligations de ce dernier, soit que le temps du bail fût expiré, soit qu'une clause du bail s'y opposât. Si l'héritier est resté détenteur de l'immeuble affermé, comme il n'en a conservé la détention qu'au même titre que le défunt, il n'aura pu lui-même changer le caractère de sa possession. On devrait décider de même à l'égard de l'héritier du dépositaire, de l'emprunteur, etc. Au reste, nous reviendrons sur ce point en parlant de la perte de la possession. Ainsi, nous conservons la possession par l'héritier du fermier, que le terme du bail soit arrivé ou non. Il faut excepter de cette règle le cas où un tiers s'est emparé, dans l'intervalle, de l'immeuble donné à bail.

Il peut se faire qu'un fermier abandonne le fonds qui lui a été remis par le bailleur. Les Sabiniens faisaient alors une distinction : l'avait-il abandonné avec l'esprit de retour, rien de changé en ce qui concerne la possession ; l'avait-il laissé de son plein gré, sans l'intention de s'y maintenir, le bailleur avait perdu la possession. Cette opinion était adoptée par Africain (Dig., liv. XLI, tit. II, 40, § 1). Il ajoutait que, dans la première hypothèse posée par les Sabiniens, le bailleur perdait la possession s'il négligeait de la reprendre. Nous n'avons pas réussi à comprendre sur quels principes de droit les Sabiniens établissaient une pareille distinction. Comment le fermier aurait-il pu perdre ou faire perdre ce qu'il n'a pas lui-même, la possession? Celle-ci repose, en effet, sur un fait matériel, la détention, et sur l'intention : la première peut avoir lieu en notre nom par les mains d'un tiers, mais la seconde nous doit être propre. Les Proculéiens repoussaient le système de ces jurisconsultes en faveur du bailleur, et c'est leur avis que nous voyons suivi au Code, livre VII, titre XXXII, 12, par Justinien. Le bienfait de cette décision est étendu au mandant, à celui qui loue une maison, et au propriétaire de l'esclave. Cet empereur ajoute avec raison que le propriétaire ne doit pas souffrir du dol ou de la négligence quand il s'agit de conserver la possession, mais non de l'acquérir par ses préposés.

CHAPITRE V.

Comment perd-on la Possession?

Nous examinerons dans ce chapitre pourquoi la possession ne se perd point seulement avec la détention, mais encore avec l'intention; comment on la perd avec l'une et l'autre, et comment l'intention peut suffire pour la faire perdre. Il est hors de doute que la perte de la chose et le fait de passer au pouvoir d'autrui entraînent la perte de la possession. Nous aurons encore à nous demander si l'on peut changer la nature, la cause de sa possession. Nous allons traiter tous ces points successivement.

I.

Pourquoi la Possession ne peut-elle point se perdre avec la seule détention?

Paul, au Digeste, livre XLI, tit. II, 8, nous fait une argumentation qui rappelle un peu ce principe dominant en matière d'obligation, à savoir qu'il est naturel de dissoudre les obligations ou les droits qu'elles engendrent par les mêmes moyens que ceux qui les forment. Voici ce qu'il dit : De même que la possession ne s'acquiert que par la volonté jointe à la détention, de même elle ne se perd qu'autant que l'une et l'autre ont été changées. Mais, après avoir entendu Paul proclamer ce principe d'une manière absolue, nous serons tout surpris de lui entendre déclarer que l'intention suffit pour cesser de posséder.

Proculus, au même titre, 27, nous tire cette conclusion de la règle qui précède, que le possesseur, s'il vient à perdre la raison, ne peut cesser de posséder, puisqu'il ne peut plus changer d'intention. Non-seulement nous ne pouvons perdre à notre insu ce que nous possédons par l'intention seulement; mais, si pendant notre absence quelqu'un envahit notre domaine, il faut encore, pour que nous en perdions la possession, qu'à notre retour nous ayons été repoussés, ou que la crainte nous ait fait abandonner le projet d'y rentrer. Voir Pomponius, même titre, 25; Paul, 3, § 7.

Cependant nous pouvons, dans certains cas, être dépouillés de la possession à notre insu. Celui qui possède pour nous ne peut nous la faire perdre par son intention, ni même par l'abandon réel et volontaire. Il faut, pour qu'elle nous soit ravie, qu'il ait été expulsé, repoussé par un tiers; car, alors, la violence dont il a été l'objet est considérée comme ayant été faite à nous-même. On peut, sur tout ce qui précède, consulter, toujours au même titre du Digeste, Papinien, 44, § 2, 45 et 46. D'après le langage de ce jurisconsulte, l'assimilation de la possession aux obligations a lieu en termes formels, en ce qui touche le mode d'y mettre fin.

II.

Comment la Possession se perd-elle par l'abandon réel et volontaire?

§ 1.

Nous l'avons déjà dit, il ne faut pas seulement cesser l'occupation matérielle pour être dépouillé de la possession : il faut encore abandonner volontairement ou par contrainte l'intention de posséder. A ce sujet, on cite un passage de Celse : voir au Digeste, livre XLI, tit. II, 18, § 1. En le rapprochant de ce que déclare Ulpien, au même titre, 34, pr., nous avons déjà fait remarquer, en parlant de la manière d'acquérir la possession, une contradiction entre ces jurisconsultes, en appliquant deux principes opposés à des hypothèses différentes, il est vrai, mais qui ne justifient point cette divergence. Nous avons adopté l'opinion d'Ulpien, comme étant plus équitable. N'est-il pas aussi ridicule de dire que celui qui livre la possession à un fou la perd, bien qu'elle ne soit pas transmise, parce qu'il n'en a pas fait une condition, que de dire que celui qui livre un fonds à un tiers qui, par son erreur, n'en acquiert point la possession, la perd aussi parce qu'il n'a point mis pour condition qu'elle fût transmise? Enfin, au Digeste, livre XLIII, tit. XVI, 18, pr., on nous dit qu'on ne perd point la possession avant qu'il n'y ait eu tradition. Eh bien, y a-t-il tradition quand on remet l'objet de cette dernière à une personne privée de raison? On peut, sur ce point, se reporter au livre XLIV du Digeste, tit. VII, 54, Jav.

On lit aux Instituts, livre II, tit. VIII, 2, que le pupille peut recevoir sans l'assistance du tuteur, mais qu'il ne peut aliéner sans son concours. Appliquons ceci à la possession. Il ne peut la perdre, c'est-à-dire l'aliéner tout seul. Ulpien, au Digeste, livre XLI, tit. II, 29, commente cette règle dans un langage assez clair. Le mineur ne peut, dit ce jurisconsulte, sans le concours du tuteur, que faire l'abandon matériel de la possession, parce qu'ici, continue-t-il, il ne s'agit que d'un fait. De ce raisonnement il résulte qu'Ulpien ne pensait pas qu'un fait pût être autre chose qu'un acte, un événement qui tombât sous nos sens. Sa philosophie n'était pas très-avancée. Faut-il conclure de ce qu'avance ce jurisconsulte que le mineur peut livrer la possession naturelle? En se reportant à ce que nous avons dit sur cette dernière, au chapitre II, § 1, il est facile de voir que notre définition repousse l'affirmative.

Si la tradition est faite sous condition, la possession ne sera acquise qu'au moment où celle-ci sera accomplie : la tradition est alors purement corporelle, *nuda traditio*, mais elle rendra possesseur si la condition se réalise (V. au titre cité, 38, § 1, Julien).

Nous perdons forcément la possession lorsque nous sommes expulsés de notre immeuble. On peut, à ce sujet, voir ce qu'en pense Paul, au Digeste, liv. XLI, tit. II, 3, § 9, *in fine*. Pour justifier ce passage, on dit que dans ce cas nous perdons forcément l'esprit de possession. Cette solution, qui consacre une injustice, est conforme à cette idée que le fait doit dominer dans la possession, idée contre laquelle nous nous sommes prononcé. On peut encore voir dans le même sens que Paul, au même titre 15, ce que dit Gaius, bien qu'il s'agisse alors de choses mobilières ; plus loin, 44, ce que pense Papinien de ceux qui possèdent en notre nom. La violence qui est faite à ces derniers est censée faite à nous-même, et lorsqu'ils sont expulsés de notre immeuble, nous en perdons la possession.

Celui qui est absent ne retient la possession que par l'intention seule. Cependant il peut aussi en être dépouillé violemment, s'il n'ose retourner dans la propriété qui lui a été ravie; mais il en conserverait la possession si, dans l'espoir de la reprendre aisément, il retardait son retour. Lorsque l'absent reparaît, s'il est repoussé violemment de son immeuble, il perd également la qualité de possesseur. Dans ce dernier cas, la violence qui lui est faite n'est pas seulement morale, comme dans l'hypothèse précédente (voir, sur tout ce que nous venons de dire, Digeste, liv. XLI, tit. II, 6, § 1, Ulpien; 7, Paul; 25, § 2, Pomponius). Après avoir lu les passages cités, on s'explique sans peine ce que Celse enseigne au même titre, 18, § 3. Nous nous trouvons dans une partie de l'immeuble qui nous appartient, et nous ignorons qu'une autre vient d'en être envahie secrètement par quelqu'un qui prétend à la possesion; nous en demeurons néanmoins possesseur, devant facilement expulser l'envahisseur quand le fait viendra à notre connaissance. Enfin, il est hors de doute que la possession ne peut nous être ravie par ceux que nous avons en notre puissance (voir l'exemple qu'en donne Africain, au même titre du Digeste, 40, pr.).

On est privé de la possession par la loi, ce qui arrive quand un terrain est rendu sacré ou religieux, quoiqu'on ne suive point la religion qui lui donne ce caractère. Il y a une espèce d'analogie entre ce qui se passe ici et la prohibition de posséder un homme libre. On en est encore privé par ordre du magistrat, par exemple, lorsque le préteur, par un second décret, envoie quelqu'un en possession des bâtiments qui menacent ruine. Enfin la possession nous est enlevée par tout événement ou cas de force majeure. Tel serait l'envahissement d'une propriété par un fleuve ou une mer, quand cette occupation n'est pas seulement momentanée. On peut, sur tous ces points, se reporter au titre du Digeste cité en dernier lieu, 30, § 1, 2, 3, Paul.

§ 2.

Nous lisons au Digeste, liv. XLI, tit, II, 25, pr., que nous perdons la possession des choses mobilières, toutes les fois qu'elles sont soustraites à notre garde, de manière à ignorer ce qu'elles sont devenues (v., en ce sens, plus loin, au même titre, 47). Il est utile de rapprocher du passage de Pomponius les observations de Gaius rapportées au titre déjà cité, 15. Quelle que soit la manière dont les choses mobilières nous soient ravies, nous en perdons la possession comme si elles nous avaient été enlevées avec violence. Ce jurisconsulte ajoute ce que nous avons déjà remarqué en matière immobilière, à savoir, que nous ne cessons point de posséder les choses qui nous sont ravies par une personne soumise à notre puissance, puisque par elle nous avons la possession de tout ce qu'elle acquiert. Voilà, dit-il, pourquoi notre esclave, quand il a pris la fuite, demeure en notre possession ; il ne peut nous ôter la possession de sa personne, pas plus que celle des autres biens qui nous appartiennent, sauf ce qui va être dit plus loin de celui qui se comporte en homme libre.

Ainsi, l'esclave en fuite, suivant Paul (v. au même titre, 1, § 14, reste en notre possession, et nous pouvons comprendre le temps qu'a duré sa fuite pour l'acquérir par usucapion, lorsqu'il y est soumis. Bien plus, il a été admis que nous acquérons par lui la possession des autres choses, malgré l'opinion de Nerva fils, ce qui est la conséquence de la première. Plus loin, 50, § 1, Hermogénien confirme cet avis, en disant que, si cet esclave ne se croit pas libre, nous acquérons par lui la possession. A plus forte raison le possédons-nous lui-même. Paul achève de développer cette pensée, au même titre du Digeste, 3, § 10. Si l'esclave en fuite se comporte en homme libre, et se trouve en mesure de revendiquer sa liberté, il n'est plus possédé par le maître qu'il avait et dont il se porte l'adversaire. C'est à ce propos que Paul rappelle l'histoire de Spartacus. Mais, remarque cet auteur, cela n'est admissible qu'autant que l'esclave est demeuré longtemps en liberté. S'il en était autrement, mais qu'il eût demandé à revendiquer sa liberté, son maître en resterait possesseur, même par l'intention, jusqu'à ce qu'il eût été déclaré libre. Alors, en effet, il n'était pas en possession de la liberté, lorsqu'il l'a réclamée, et le maître ne pouvait être accusé de négligence.

Certaines personnes qui détiennent en notre nom une chose mobilière, peuvent nous en ravir la possession. Ainsi, qu'un dépositaire mette la main sur la chose confiée, pour se l'approprier, il commet un vol, et le propriétaire cesse de posséder. Il importe ici de distinguer dans quel cas il y a vol, pour savoir quand celui-ci perd la possession; car la seule intention de lui refuser la chose déposée n'aurait point ce résultat : il faut encore qu'il y ait soustraction frauduleuse. Il faut avouer que dans l'application un pareil système devait offrir bien des embarras (voir, dans ce sens, Dig., liv. XLI, tit. II, 3, § 18, Paul). Marcellus, au même titre, 20, dit que le refus, de la part du dépositaire, de remettre à celui qui a acheté du propriétaire la chose déposée, ne prouve pas toujours qu'il y ait chez lui intention de s'approprier cette dernière. Il peut, en effet, avoir quelquefois un motif raisonnable de refuser la remise du dépôt. Or il faut deux conditions pour qu'il y ait vol : l'attouchement de la chose volée, et la volonté qui caractérise le délit. Ajoutons à ces remarques que le refus dont nous parlons ne remplit point la première de ces conditions, et qu'il faut encore, lorsqu'elles sont réunies, que le dépositaire détourne la chose contre le gré du propriétaire (v. aux Instituts, liv. IV, tit. I, 11.)

Papinien, Dig., liv. XLI, tit. II, 47, parle aussi du dépositaire ou du commodataire qui ravit la possession au propriétaire. Il est vrai qu'il ne parle pas de ce que les Romains appelaient *contrectatio*, comme d'une condition nécessaire; mais il ne faut y voir qu'une omission. Ce jurisconsulte pense que l'usage a voulu attacher les effets d'une possession ancienne, qui s'accomplit contre le propriétaire, à la négligence que l'on met dans la garde de ses biens mobiliers. Nerva, de qui cette opinion est empruntée, ajoute que la décision que nous avons vue ne serait plus la même s'il s'agissait d'un esclave prêté ou remis en dépôt, quoique le propriétaire eût négligé de veiller à ce qu'il ne fût point volé. Il en donne la raison suivante : l'esclave, par sa volonté, conserve la possession de sa personne à son maître, lorsqu'il a l'intention de retourner à lui ; il la lui conserve, comme il lui garde la possession de ses autres biens en les occupant à sa place. Une pareille distinction ne pouvait être faite lorsqu'il s'agit de choses ou d'êtres privés d'intelligence.

Dans un autre passage du même titre, Paul rapporte également ce que pense le même jurisconsulte sur la possession des choses mobilières, 3, § 13. Nous restons, dit-il, possesseur de celles-ci tant qu'elles se trouvent placées sous notre garde, c'est-à-dire tant que nous pouvons en ressaisir la possession naturelle. Il excepte de cette règle restrictive l'esclave, qui, même dans le cas de fuite, est toujours possédé par celui qui l'a échappé, tant qu'une autre personne n'en a pas pris possession. D'après le langage de Nerva, 3, § 13, que nous venons de traduire, on voit que la possession naturelle à ses yeux n'est guère autre chose qu'une simple détention, puisque sans elle on peut conserver la possession civile. A l'appui de ce qu'il avance, cet auteur donne un exemple. Qu'un troupeau, dit-il, s'égare de façon que nous ne puissions le retrouver, ou qu'un vase nous échappe de manière à ne pouvoir plus le découvrir, bien que personne encore n'en soit devenu possesseur, la possession nous en est ravie à l'instant même; mais tant qu'une chose est chez nous, c'est-à-dire sous notre garde, quoique nos recherches ne nous la découvrent point, elle est censée présente. On peut voir dans ce sens, au même titre, Digeste, Pomponius, 25, pr.

Ces principes une fois exposés, il est facile de comprendre ce qui nous est rapporté par Ulpien au Digeste (voir au titre cité, 13, pr.). Pomponius, en effet, raconte que des pierres précieuses étaient tombées dans le Tibre par suite d'un naufrage, et qu'elles en furent retirées quelque temps après. Il pense que la propriété n'en avait pas été perdue, puisque leur propriétaire n'y avait point renoncé et que nul autre n'avait pu l'acquérir à sa place; mais pour la possession, il la déclarait perdue. Cette distinction, au fond peu rationnelle, si l'on admet que la possession est un droit, un démembrement de la propriété, prouve une fois de plus que les jurisconsultes romains s'attachaient surtout au caractère matériel, au fait qui révèle la possession. Nous l'avons déjà pu remarquer lorsqu'il est dit que le seul fait d'être expulsé d'un immeuble en fait perdre la possession. Pomponius ajoute que, si nous continuons de posséder l'esclave en fuite, c'est qu'on ne veut pas qu'il puisse en quelque sorte se voler lui-même à son maître. Rapprochez de ce qui précède, même titre, Javolenus, 21, §§ 1 et 2.

Puisqu'il suffit que les choses mobilières soient en notre possession, ou mieux sous notre garde, nous admettons avec Paul, Digeste, liv. XLI, tit. II, 3, § 14 et suiv., que les bêtes sauvages renfermées dans nos parcs ou garennes, que les poissons jetés dans nos réservoirs, sont en notre possession. Mais les poissons qui sont dans nos lacs ou étangs, et les bêtes qui parcourent nos bois séparés des autres propriétés, ne sont point possédés par nous, pas plus que nous n'acquérons, en achetant des forêts, les bêtes sauvages qui les fréquentent. Cette distinction que fait Paul ne nous paraît point raisonnable : car, si les poissons n'ont point d'issue pour s'échapper des lacs ou étangs, si les bêtes sauvages ne peuvent sortir des forêts, jouissent-ils vraiment de leur liberté naturelle? Nous ne le pensons pas. Nous serions d'avis qu'il faudrait que cette liberté fût entière pour que ces animaux ne fussent pas en notre possession. Nous répéterons ce que nous avons déjà dit : Les jurisconsultes romains s'attachaient trop au caractère matériel, au fait révélateur de la possession.

Les oiseaux que nous enfermons ou qui se tiennent sous notre garde, parce que leur nature est moins sauvage, sont également possédés par nous. Nous en dirons autant des animaux domestiques, des colombes et des abeilles, tant qu'elles conservent l'habitude de revenir à la ruche ou au colombier. Quant aux animaux poursuivis à la chasse, qu'ils soient blessés ou non, nous sommes d'avis qu'ils doivent être saisis pour être possédés. Jusque-là bien des causes peuvent les soustraire au chasseur. Cette question avait divisé les anciens jurisconsultes (V. Digeste, liv. XLI, tit. I, 5, § 1, Gaius).

Nous avons déjà dit qu'une chose ne cesse pas d'être en notre possession par le seul motif que nous avons perdu le souvenir du lieu où elle est placée. Il est bon de rappeler, à ce propos, le langage que tient Papinien au Digeste, liv. XLI, tit. II, 44, pr. Quelqu'un, avant d'entreprendre un long voyage, a caché de l'argent dans la terre pour qu'il fût plus en sûreté. A son retour, il a oublié l'endroit où il est enfoui. A-t-il, dès lors, perdu la possession de cet argent, et s'il le retrouve, commencera-t-il une nouvelle possession? On comprend l'utilité de cette question, puisqu'on peut acquérir la propriété des biens qui n'appartiennent point, mais dont on a la possession, lorsque celle-ci réunit certains caractères. Papinien, répondant à sa question, décide que la possession n'est point perdue, parce que le lieu où l'argent est déposé afin de le conserver possède en quelque sorte pour le maître, et que le défaut de mémoire, quand personne n'a encore mis la main sur cet argent, ne suffit pas pour ôter la qualité de possesseur. Combien d'esclaves, ajoute le même, ne serions-nous pas exposés à perdre s'il en était autrement? On comprend, en effet, que le propriétaire qui avait beaucoup d'esclaves et de domaines devait être fréquemment exposé à des oublis de cette nature. Papinien ne voit pas, pour admettre sa décision, qu'il y ait à distinguer si le possesseur de l'argent l'a enfoui dans sa propriété ou dans celle d'autrui, puisqu'il est reconnu que, si un tiers a enfoui le sien dans une partie de notre domaine, nous n'en devenons possesseur qu'à la condition de l'avoir déplacé. Ainsi il importe peu si nous possédons le sol ou la superficie du lieu qui recèle notre argent.

III.

De la perte de la Possession par l'intention seule.

§-1.

Paul, au Digeste, liv. XLI, t. II, 3, § 6, nous dit que dans la perte de la possession il faut s'attacher à l'intention de celui qui possède. Si, occupant un immeuble, vous renoncez à le posséder, votre intention suffit pour vous en ravir la possession, tandis que pour l'acquérir il faut une autre condition. Le même jurisconsulte, au titre cité, 30, § 4, nous dit qu'on peut perdre la possession des choses mobilières de bien des façons, soit qu'elles aient subi une transformation (voir à ce sujet les principes qui régissent l'accession), ce qui prouve une fois de plus que l'accession est un mode d'acquérir et de perdre la possession, soit qu'on affranchisse un esclave, soit qu'on ne veuille plus posséder.

C'est ici qu'il nous semble convenable de rappeler ce qu'enseigne Ulpien au même titre, 17, § 1. Nous conservons la propriété quand même nous ne voulons plus être propriétaire. Il faut, pour cesser de l'être, tout au moins un abandon réel, comme lorsqu'on rejette une chose dont on ne veut plus. Quant à la possession, la volonté suffit pour nous en dépouiller, sans autre condition. Ainsi, dit ce jurisconsulte, avons-nous livré la possession avec la condition qu'elle nous sera restituée, nous ne l'avons plus. Cet exemple ne prouve guère en faveur de ce qui précède, puisqu'il nous expose la tradition jointe à l'intention, et qu'il s'agit d'établir que cette dernière seule nous dépouille de la possession. Comment se fait-il que les jurisconsultes romains, après s'être montrés si rigoureux pour l'acquisition de celle-ci, se montrent si faciles quand il s'agit de la perdre? Pourquoi toutes ces différences? Nous pensons qu'ils auraient été embarrassés pour nous le dire.

Malgré les considérations précédentes, le pupille ne peut perdre la possession sans l'autorisation du tuteur. Il ne peut perdre ainsi que la simple détention, c'est-à-dire ce qui consiste en un fait. Nous ne sommes pas sûr qu'il y ait là une exception, comme on l'a prétendu, à la règle que l'intention suffit seule pour dépouiller de la possession. Car, supposons que l'intention du tuteur, qui veut l'abandonner, et l'autorisation du mineur, soient manifestes: nous ne voyons pas, d'après les principes déjà connus, que la possession ne serait perdue qu'après un abandon matériel de la chose. La règle prohibitive qui protége ici le mineur, cesse d'être appliquée lorsqu'il a livré à un acheteur de bonne foi, et dans tous les cas où un majeur perd malgré lui sa qualité de possesseur: tels sont les cas d'expulsion, de vol, de destruction, etc., etc.

§ 2.

Non-seulement la destruction de la chose nous prive de sa possession; mais il en est encore ainsi quand elle subit une transformation importante par le fait d'autrui, ou qu'elle devient l'accessoire de ce qui ne nous appartient pas (v. aux Instituts, liv. II, tit. I, 20 et s.). On peut assimiler au cas de destruction celui où une chose est retranchée du commerce, comme lorsque nous avons déposé un mort dans un lieu que nous possédions. L'affranchissement d'un esclave nous en enlève la possession (v., sur tous ces points, au Digeste, liv. XLI, tit. II, 30, § 1 et s., Paul). Plus loin, 38, pr., Julien nous dit que celui qui veut affranchir l'esclave par une lettre est considéré comme y mettant la condition que celui-ci ne sera affranchi qu'après en avoir eu connaissance.

Celui qui passe au pouvoir d'autrui perd toute possession, et, suivant Javolenus (voir au même titre, 23, § 1), le *postliminium* ne rétablira point la possession telle qu'elle existait d'abord, parce que celui qui passe au pouvoir de l'ennemi ne peut rien posséder pour lui-même, et que, la possession consistant dans une occupation réelle de la chose, le *postliminium* ne fait revivre que les droits. Nous avons déjà signalé plusieurs contradictions dans le langage des jurisconsultes romains, sans pouvoir les résoudre : nous sommes presque tenté d'en voir une dans le passage ci-dessus rapporté, lorsque nous le rapprochons de ceux que nous avons déjà parcourus. Pourquoi, en passant au pouvoir d'autrui, de l'ennemi par exemple, perdait-on ses droits? Parce que, de gré ou de force, nous dépouillons l'intention d'avoir quelque chose en propre. Pourquoi aussi le *postliminium* faisait-il revivre nos droits? Parce que la loi, apparemment au moyen d'une fiction, n'admet point que cette volonté, avec les effets qui lui sont attachés, ait été perdue. Maintenant, comment peut-on conserver la possession? Par l'intention seulement. Nous ne trouverions donc pas extraordinaire que le *postliminium* fît revivre la possession d'une chose à notre profit, lorsque personne ne s'en est emparé pendant notre captivité.

§ 3.

Nous lisons au Digeste, liv. XLI, tit. II, 3, § 19, que personne ne peut changer de soi-même la cause de sa possession. Il résulte de la phrase suivante, ainsi que d'un passage du Code, liv. VII, tit. XXXII, 5, que le mot possession embrasse bien autre chose que la possession proprement dite, mais encore la détention de nos biens par le colon, le commodataire, le dépositaire, etc., qui ne sont pas même des possesseurs naturels, ainsi que le remarque Paul au même titre, 3, § 20. Si le propriétaire, dit-il, me vend la chose qu'il m'a remise a titre de dépôt ou de commodat, on ne peut pas me considérer comme ayant changé seul la cause de ma possession, moi qui ne possédais pas encore. Le fils, par conséquent, ne peut usucaper la part revenant à ses cohéritiers sur les biens qui lui ont été donnés par le père sous la puissance duquel il est placé: il n'est que le détenteur de ces biens. Ainsi encore, le colon ne peut vendre ce qui lui est affermé, sans s'exposer, au recours du bailleur qui rentrera même dans sa propriété si l'acheteur n'a pas prescrit.

Marcellus, au même titre, 19, § 1, indique le véritable sens de la règle que nous venons d'apprécier. Il ne faut l'entendre, dit-il, que de celui qui prétend de son chef donner à sa possession une autre cause, mais non de celui qui, s'étant dépouillé de sa possession ou détention primitive, recommence une possession nouvelle. Julien, au Digeste, liv. XLI, tit. III, 33, § 1, développe ces idées. Est-il survenu une nouvelle cause de posséder au détenteur ou possesseur? a-t-il pu de bonne foi présumer, croire qu'elle existe? En effet, c'est ce qu'il importe d'examiner. Est-il de mauvaise foi? A-t-il prétendu de son chef innover la cause de sa possession? rien n'a changé. Si quelqu'un a acheté sciemment un fonds d'une personne qui n'en est point propriétaire, et s'il l'a acheté ensuite de celui qui en a la propriété, il possédait en premier lieu *pro possessore*, et ensuite il possède *pro emptore;* mais on ne pourra dire qu'il a prétendu de son chef changer la cause de sa possession. Le cas de vente n'est cité ici qu'à titre d'exemple; et ce que nous venons de dire est également vrai du fermier qui a acheté de celui qui se portait à tort ou non héritier du bailleur, d'autant plus, ajoute Julien, que, n'ayant jamais possédé jusqu'alors, le fermier ne change pas précisément de possession. Cette dernière raison, rapprochée du sens que nous attachons au mot *possessio*, que Paul emploie (Digeste, liv. XLI, tit. II, 3, § 19), nous porte à penser que les jurisconsultes romains avaient sur la possession des idées assez mal définies.

Nous avons déjà vu (Digeste, liv. XLI, tit. II, 6, pr., et 40, § 2) qu'on ne peut également de son chef changer le caractère de violence ou de clandestinité qui s'attache à l'origine de sa possession. Ulpien, au Digeste, liv. XLIII, tit. XXVI, 6, § 3, en rappelant l'opinion de Julien, nous fait comprendre quel tempérament il faut apporter à l'application de cette règle. Qu'un individu qui m'a ravi d'une manière violente le bien que je possédais, l'obtienne ensuite de moi à titre de précaire : on ne pourra point dire qu'il aura de lui-même changé la nature de sa possession. Cette décision n'empêcherait point d'accueillir l'exception de dol, *exceptionem doli mali et metus*, si le possesseur y donnait lieu.

Nous pouvons posséder au nom d'un autre ce que nous possédions d'abord en notre nom : nous perdons alors la possession, et nous détenons seulement l'objet au nom du cessionnaire que nous représentons en sa qualité de possesseur. Il n'y a donc point pour nous un changement véritable dans la cause de notre possession, puisque nous n'avons plus cette dernière (Dig., liv. XLI, tit. II, 18, pr., Celse). De même, celui qui, après avoir acheté de bonne foi un fonds quelconque d'une personne autre que le véritable propriétaire, passe un bail avec ce dernier, en reconnaissant qu'il détient l'immeuble désormais à titre de fermier, ne change point de possession, mais perd celle qu'il avait (voir au même titre, 19, pr., Marcellus). De même encore (voir au même titre, 21, § 3), ce que dit Javolénus : Celui qui a obtenu de nous la possession d'une chose à titre de précaire, si nous la lui laissons ensuite à titre de chose louée, perd la possession, qui alors nous fait retour. Plus loin, 28, Tertullien se demande si celui qui, possédant un immeuble, a cessé d'en être possesseur, en le prenant à titre de fermier ou locataire. Pour résoudre cette question, il importe de distinguer d'abord s'il ignorait qu'il en était possesseur, ou s'il en était instruit : dans ce dernier cas, il est regardé comme ayant cédé sa possession. Il importe aussi de distinguer s'il croyait en avoir la propriété ou non. Dans la première hypothèse, ajoute Tertyllien, il faudra prendre garde si en passant le bail il envisageait la propriété entière ou la possession seulement : car il peut se faire qu'il eût la première sans la seconde ; et, dans ce cas, de même qu'il pouvait acheter la possession ou la demander à titre de précaire, de même il a pu demander la détention, c'est-à-dire à être *in possessione* comme locataire ou fermier.

CHAPITRE VI.

De la Possession de nos prédécesseurs jointe à la nôtre.

Il est question ici de ce que les Romains désignaient par *accessio possessionis*. Nous avons attendu jusqu'alors pour en parler, dans la pensée que l'exposé des principes du droit romain sur la manière dont s'acquiert, se conserve et se perd la possession, répandrait une certaine clarté sur cette partie de notre thèse.

Ulpien, au Digeste, liv. XLI, tit. II, 13, § 1, nous émet un principe qui doit dominer constamment en cette matière. Lorsqu'on veut se prévaloir de la possession de son auteur, nous dit-il, on doit la prendre telle qu'elle se présente, c'est-à-dire sans qu'on puisse en répudier la cause ni les vices, en vertu de cet axiome du droit, que là où vont les avantages d'une chose doivent aller aussi ses désavantages (Paul, liv. L, tit. XVII, 10). Un autre principe qu'il ne faut également pas perdre de vue, c'est que, si un propriétaire a vendu successivement un immeuble à plusieurs personnes, celle à qui la tradition a été faite en premier lieu pourra seule se prévaloir de la possession du vendeur.

On se demandait autrefois ce qui pouvait arriver lorsqu'il y avait rédhibition d'un esclave vendu. Les jurisconsultes s'étaient partagés sur cette difficulté : ainsi, les uns étaient d'avis qu'après la rédhibition le vendeur ne pouvait se prévaloir de la possession qu'avait eue l'acheteur, parce que la vente se trouvait résolue; d'autres, au contraire, décidaient qu'il le pouvait encore, comme l'acheteur avait pu se prévaloir de celle du vendeur. C'est à cette dernière opinion que se ra[illegible] Ulpien (Dig., liv. XLI, tit. II, 13, § 2). L'affirmative paraît très-raisonnable: car, ainsi que le dit Javolenus (Dig., liv. XLI, tit. III, 19), la vente consentie est considérée comme n'ayant jamais existé par le fait de la rédhibition. Voir encore Dig., liv. XLIV, tit. III, 6, § 1, Africain.

Si l'esclave qui sert de bonne foi un étranger, et l'homme libre qui sert de bonne foi aussi comme esclave, achètent et acquièrent la possession, le premier pour un autre que son maître, et le second pour un autre que lui-même, ni le propriétaire de l'esclave, ni l'homme libre, ne pourront se prévaloir de la possession du vendeur, puisque ni l'un ni l'autre ne sont possesseurs de l'objet de la vente. Il résulte de ce passage, ainsi que de ce que nous avons lu au Digeste, liv. XLIV, tit. III, 6, pr., Africain, un autre principe dont l'importance est capitale dans la matière que nous étudions: c'est que, pour se prévaloir de la possession, il faut posséder soi-même. Voir au Digeste, liv. XLI, tit. II, 13, § 12.

Paul, au même titre, 14, nous enseigne que, si notre esclave ou notre fils vendent et livrent quelque chose avec notre autorisation, qu'elle résulte soit d'une déclaration formelle, soit de la libre administration que nous avons laissée d'un pécule, lorsque la chose vendue sort de celui-ci, l'acheteur peut ajouter l'avantage de notre possession à la sienne. Ulpien, au titre cité, 13, § 8, prévoit une hypothèse remarquable : Nous avons affranchi un esclave, mais sans lui céder son pécule; cependant il continue de posséder un objet qui en faisait partie. A quelque temps de là, nous lui faisons rendre la possession, mais nous voulons aussi joindre à celle que nous recommençons la possession qu'avait l'affranchi. Serons-nous écouté? Pour résoudre cette question, il est utile de se reporter plus loin, 13, § 13, afin de constater avec Ulpien que non-seulement celui dont la possession est vicieuse, c'est-à-dire entachée de clandestinité, de violence ou précaire, ne peut se prévaloir de la possession de ses auteurs, mais même que celui qui possède sans aucun de ces vices, ne peut le faire de cette dernière lorsqu'elle-même est vicieuse. Or la possession de l'affranchi, disaient les jurisconsultes, était clandestine: d'où il faut conclure que le propriétaire réintégré dans son bien ne pouvait s'approprier celle-là. Voilà une décision assurément fort logique; mais nous ne voyons pas ce que l'équité peut avoir à gagner dans cette différence établie entre l'ancien maître affranchi, devenu possesseur clandestin, et le vendeur à qui la chose fait retour par rédhibition.

Lorsque des biens ont été livrés au mari à titre de dot, il peut se prévaloir de la possession qui a précédé la sienne, toujours si ni l'une ni l'autre ne sont vicieuses, sans qu'on ait à distinguer l'époque de la tradition. Si la femme reprend les biens qu'elle a livrés en dot, soit avant le mariage, soit après, elle jouira du même bénéfice. On peut consulter à cet égard Digeste, liv. XLI, tit. II, 13, § 6, et liv. XXIII, tit. III, 7, § 3.

Si le tuteur, comme représentant le mineur, si le curateur, comme représentant une personne privée de raison, vendent un bien appartenant à celle-ci ou au mineur, l'acquéreur pourra joindre à sa possession le bénéfice de celle qu'avaient ces derniers (Dig., liv. XLI, t. II, 14, § 1, Paul). Il va de soi qu'il ne faut pas que la vente ait lieu après que le tuteur ou le curateur ont dérobé son objet à la personne qu'ils représentent : dans ce cas, pour que la vente fût valable, il faudrait que la chose volée fût rentrée dans le domaine du fou ou du mineur (voir Dig., liv. XLI, tit. IV, 7, § 3, Julien).

Le donataire peut aussi se prévaloir de la possession du donateur (Dig., liv. XLI, tit. II, 13, § 11). De même, celui à qui une chose a été restituée par ordre du magistrat (voir au même titre, 13, § 9), peut ajouter à sa possession celle du détenteur condamné à restituer, pourvu qu'elle ne soit point vicieuse, suivant ce que nous avons remarqué au même titre, 13, § 8 et 13. Enfin, celui qui a livré la possession d'une chose à titre de précaire ne peut, suivant Ulpien (voir au titre cité, 13, § 7), prétendre au bénéfice de la possession du concessionnaire, tant que la convention conserve son effet ; mais il le peut quand il a repris l'objet.

Toujours dans le même passage que nous venons de citer, § 4, nous voyons Ulpien se demander si l'héritier qui n'a point possédé d'abord peut se prévaloir de la possession du défunt. Il faut admettre qu'il possède présentement, d'après la règle écrite plus loin, § 12. Ce jurisconsulte reconnaît que dans un cas semblable la possession serait interrompue s'il s'agissait d'un acheteur. Mais on admet le contraire pour l'héritier, parce que, dit-il, la loi accorde bien plus d'effet au droit de succession qu'à celui résultant de la vente, et ce serait une subtilité de vouloir régler les droits de l'héritier par ceux de l'acheteur. Nous ne trouvons point que ces motifs satisfont pleinement la raison; mais ce que nous venons de lire nous apprend un autre principe: c'est que, pour que nous puissions nous prévaloir de la possession de nos auteurs, il ne faut pas, en général, qu'il y ait eu interruption entre la nôtre et la tradition qui nous a été faite.

Plus loin, § 5, Ulpien enseigne que le bénéfice de la possession du défunt passe à l'héritier, quand même elle n'aurait point duré jusqu'à son dernier moment.

Quant au légataire (voir même titre, 13, § 10, et liv. XLI, tit. III, 14, § 1), il est traité, en ce qui tient à la possession du défunt, comme l'héritier, soit qu'il profite d'un legs, soit qu'il profite d'un fidéicommis. Que le legs soit simple ou conditionnel, le même jurisconsulte décide que le légataire pourra également joindre à sa possession celle de l'héritier qui a suivi celle du défunt avant la réalisation de la condition ou la remise de la chose léguée.

En terminant ce chapitre, nous croyons devoir prévenir une objection qui sera faite à une idée précédemment émise. Les faits ne peuvent, avons-nous dit, précéder le droit, même quand il s'agit de la possession. On nous répondra : Pour fixer le droit de possession, il faut chercher sa cause dans les faits sans lesquels il ne serait point né. Nous ferons remarquer que ces faits n'établissent le droit de possession qu'autant qu'ils sont basés eux-mêmes sur un droit, c'est-à-dire sur la faculté de les accomplir. On répliquera que la possession injuste est désapprouvée par la loi, et que cependant elle engendre un droit. Mais qu'importe que la loi la blâme, si d'ailleurs elle l'approuve en lui attribuant des effets qu'elle sanctionne? Tout ce qu'on peut dire, c'est que le législateur est, comme les autres hommes, sujet et poussé malgré lui à des contradictions manifestes.

CHAPITRE VII.

Des Interdits qui servent à maintenir dans la Possession.

I.

De l'Interdit qui maintient dans la Possession des immeubles.

Nous avons jusqu'alors traité de la possession dans sa nature, des causes qui la produisent, de ses effets, et des différentes manières qui viennent y mettre fin. Nous avons dit que les jurisconsultes romains s'étaient montrés beaucoup plus préoccupés du point de vue matériel, du fait qui révèle la possession, que de l'idée abstraite du droit où elle puise également son origine; que fort tard seulement quelques-uns d'entre eux s'étaient avisés de l'appeler un droit, sans comprendre, selon nous, toute la portée de cette reconnaissance. Nous avons ajouté que, faute d'en avoir bien compris la nature, ils étaient tombés quelquefois dans des contradictions que nous avons d'ailleurs signalées; qu'ils avaient, dans plusieurs décisions, satisfait aux exigences des termes et à l'enchaînement des idées bien plus qu'à l'équité naturelle. Cependant nous avons dit également que, malgré ces considérations, ils avaient, dans plus d'un endroit, traité implicitement la possession comme un droit véritable;

qu'ils l'avaient assujettie à des règles, soumise à des principes qui n'auraient pas dû laisser de doute sur son caractère. Nous verrons bientôt, mais en partie seulement, comment les Romains avaient pourvu à la défense de la possession. C'est qu'il ne suffit pas que les droits s'engendrent et se forment : il faut encore pouvoir les exercer et lever les obstacles qui s'y opposent.

L'interdit qui servait, chez les Romains, à maintenir dans la possession d'un immeuble, était l'interdit *Uti possidetis*. Nous croyons utile d'en mettre ici le texte sous les yeux. Voici comment le préteur s'exprime : *Uti eas ædes, quibus de agitur, nec vi, nec clam, nec precario alter ab altero possidetis : quominus ita possideatis, vim fieri veto. De cloacis hoc interdictum non dabo : neque pluris, quam quanti res erit : intra annum, quo primum experiundi potestas fuerit, agere permittam.* Il est traité de cet interdit au Digeste, l. XLIII, t. XVII. Nous aurons à étudier la nature de cet interdit, en quoi il diffère de l'interdit *Unde vi*, ce qui peut donner lieu à cet interdit, à quelles choses on l'applique, à quelles personnes et contre quelles personnes il est accordé, enfin quel est son objet.

§ 1.

On sait que l'origine des interdits remonte aux préteurs : cela résulte du texte cité plus haut. C'était un édit, une loi faite par le préteur entre les parties, lorsqu'elles se trouvaient dans un cas où lui-même avait ce pouvoir. C'était surtout en matière de possession que, l'intervention du préteur devenant urgente à cause des rixes et des voies de fait, on admit l'usage des interdits. Voir aux Instituts, liv. IV, t. xv, pr.

Quand l'office de ce magistrat eut été supprimé dans la dation du juge et des formules, l'interdit ne fut plus une loi de circonstance qui pouvait donner lieu à une action entre les parties, mais une loi dans toute l'acception du mot, une loi qui, établie désormais pour prévenir toutes les contestations à venir, lorsqu'elles sont de même nature, pouvait donner lieu directement à une action, c'est-à-dire, sans recours préalable au préteur. Mais, après un si grand changement, qu'est devenu le nom d'interdit? Est-il resté aux dispositions législatives qui lui doivent naissance? ou a-t-il passé aux actions qui en découlent? Nous répondrons affirmativement sur ces deux points, et ces deux solutions ne nous paraissent point s'exclure réciproquement. Aussi emploierons-nous indifféremment ce nom pour désigner la loi dont il est la source, et l'action qui en est sortie.

Il existe trois sortes d'interdits : ils sont prohibitoires, ou restitutoires, ou exhibitoires. Dans les premiers se trouve rangé l'interdit que nous allons examiner. Sont prohibitoires, ceux qui défendent de faire quelque chose: ainsi l'interdit *Uti possidetis* (voir le texte plus haut) défend qu'on fasse violence au possesseur. Voir, en ce sens, Instituts, liv. IV, t. xv, 1; Dig., liv. XLIII, t. xvii, 1, § 1, Ulpien. Il diffère de l'interdit *Unde vi*, en ce que celui-ci tend à faire restituer la possession perdue, tandis que son but est de protéger la possession menacée, de prévenir la violence qui peut être faite au possesseur. Ce qui donna naissance à cet interdit, c'est que la possession doit être distinguée de la propriété ; car il peut arriver souvent que la possession et la propriété d'une chose ne soient point réunies dans les mêmes mains (Idem, 1, § 2).

A propos de la différence que nous relevions tout à l'heure entre les interdits *Unde vi* et *Uti possidetis*, nous avons vu que le premier attaque le possesseur actuel, et que le second le protége. Demandons-nous maintenant s'il n'existe point d'autre voie, soit qu'il s'agisse de faire restituer la possession, soit qu'il faille la défendre. Ulpien y répond au titre qui nous concerne, 1, § 4. Dans le premier cas, celui qui est dépossédé peut encore agir directement contre son adversaire. Ainsi, outre l'interdit, il a une action. Dans le second, c'est-à-dire quand il s'agit de défendre la possession menacée, le possesseur n'est protégé que par l'interdit et la voie de l'exception, lorsqu'il est appelé lui-même devant le magistrat; mais il n'a d'action contre personne, parce qu'il doit lui suffire de posséder. Ces distinctions, où conduisaient les principes rigoureux du droit primitif, paraissent un peu subtiles et surtout d'une utilité douteuse. Nous ne voyons guère ce qui en reste, sous Justinien, après la transformation que nous avons signalée dans les interdits, sinon leurs dénominations et les traces qui nous en sont conservées dans le Digeste. Voir, sur ce qui précède, Digeste, liv. XLIII, t. XVII, 1, § 4 et 6, Ulpien.

Plus loin, 3, § 1, Ulpien enseigne que l'interdit *Uti possidetis* est double. Nous lisons, en effet, aux Instituts, liv. IV, t. XV, VII, que les interdits se divisaient en interdits simples et en interdits doubles. Dans la première classe on rangeait d'abord ceux qui étaient dits restitutoires ou exhibitoires; quant aux autres, on en énumérait un certain nombre qui rentraient dans celle-ci, et plusieurs que l'on rangeait dans la seconde. Parmi ces derniers on signale surtout les interdits *Uti possidetis* et *Utrubi*, parce que chacune des parties était appelée à y jouer un double rôle, celui de demandeur et celui de défendeur. Cette distinction n'était pas indifférente, quand on arrivait à l'issue du procès : alors, en effet, si l'interdit était double, il y avait toujours lieu à absoudre et à prononcer une condamnation, quel que fût le gagnant. On peut remarquer avec Gaius, IV, 160, que les termes dont se servait le préteur s'adaptent parfaitement au double rôle que sont appelées à jouer les parties. On peut consulter encore Ulpien, Dig., liv. XLIV, t. VII, 37, § 1. Il ne faut pas croire que ces interdits étaient appelés ainsi que nous l'avons dit, parce que forcément les parties y étaient à la fois demanderesses et défenderesses : ils n'étaient ainsi dénommés que parce que cette hypothèse était possible et même se présentait le plus souvent. Mais il pouvait arriver fort bien que l'auteur du trouble, ne prétendant nullement à la possession, ne fût point demandeur, suivant les termes de l'interdit.

§ 2.

Ulpien, au Digeste, liv. XLIII, t. XVII, 1, § 3, expose quelle circonstance donne naissance à l'interdit *Uti possidetis*. Deux personnes qui ont un différend sur la propriété d'un immeuble, peuvent être d'accord pour reconnaître le véritable possesseur, et partant celui qui devra jouer le rôle de demandeur dans la revendication : jusqu'ici, point de difficulté. Mais il peut se faire que l'accord sur cette question préjudicielle n'existe point entre les deux adversaires : de là découle la nécessité de l'interdit.

Le même jurisconsulte, au même titre du Digeste, 3, § 2 et s., nous cite plusieurs espèces où le simple trouble causé au possesseur, sans être même accompagné de prétention à la possession, suffit pour donner lieu à l'interdit. Ainsi, celui qui empêche le possesseur de bâtir apporte un trouble à sa possession, puisqu'il l'empêche d'en user. Nous en dirons autant du locataire qui empêche le propriétaire de réparer ses bâtiments. Toutefois, il faut, pour que celui-ci ait droit à l'interdit, qu'il déclare prétendre enlever au locataire non pas son droit d'habitation, mais le moyen d'usurper la possession. Supposons encore que mon voisin ou celui qui le représente, ait fait passer les rameaux de mes ceps de vigne sur les arbres de sa propriété : je peux l'avertir, lui enjoindre de cesser le trouble et trancher les rameaux qui ont été détournés de ma vigne. Mais, si mon voisin ou celui qui le remplace me fait violence, pour m'empêcher de les couper ou de les conduire dans ma propriété, c'est un trouble apporté à ma possession, puisqu'en m'empêchant de cultiver, on m'empêche de posséder. Aussi pourrai-je alors recourir à l'interdit. Si mon voisin a des ouvrages ou des dépôts, tant sur ma propriété que sur la sienne, je puis, au moyen de l'interdit, les lui faire enlever. Enfin, l'interdit peut avoir lieu toutes les fois que le possesseur est troublé de quelque manière que ce soit, si on l'empêche d'user de son droit de possession à sa volonté.

§ 3.

Il s'agit maintenant de savoir pour quelles choses l'interdit *Uti possidetis* est accordé. Il est inventé pour garantir la possession du sol : voir Ulpien, au Digeste, liv. XLIII, t. XVII, 1, § 1. Il ne faut pas donner à cette règle un sens trop restreint. Du reste, on en est averti par les termes dont se sert le préteur : *Uti eas ædes...* La possession du sol, en effet, emporte celle de la surface et par ces mots : *res quæ sunt soli*, on comprend toutes sortes d'immeubles (1, § 8, même titre. Cet interdit embrasse toutes sortes de possessions, pourvu que son objet soit susceptible d'être possédé: ainsi, ne le seraient point un lieu devenu sacré, un champ occupé par un fleuve. Il importe peu, pour qu'on y ait droit, qu'on soit possesseur pour le tout, pour partie, ou par indivis: voir au même titre, 1, § 7 et 8.

§ 4.

Le préteur, dit Ulpien, accorde l'interdit *Uti possidetis* à celui dont il juge la possession préférable. Il déclare encore, Digeste, liv. XLIII, t. XVII, 1, § 8, que cet interdit peut l'être à toute espèce de possesseur, pourvu qu'il s'agisse d'immeubles susceptibles d'être possédés. Aussi, plus loin, 4, le même auteur enseigne que tous ceux qui sont en jouissance d'un immeuble, peuvent avoir droit à l'interdit. Ainsi, que l'un prétende à l'usufruit, et l'autre à la possession, l'interdit est applicable. Il en serait de même quand quelqu'un prétendrait encore à la possession de l'usufruit. Enfin, que l'un se présente comme usufruitier, et l'autre comme usager, la solution est la même. En présence des textes qui précèdent, il semble que la possession naturelle donne droit à l'interdit, ce qui confirme la définition qu'en a donnée Pothier et repousse cette idée, que la possession naturelle est dépourvue d'un caractère légal et partant de sanction civile. Aussi ce commentateur reconnaît-il cet avantage à la possession naturelle.

M. Savigny pense que la distinction des possessions civile et naturelle tenait, chez les Romains, surtout à ce que les institutions du droit civil, telles que l'usucapion et la prescription, n'étaient établies que pour les citoyens romains. Or les interdits, étant du droit naturel, pouvaient s'attacher à la possession naturelle, possession accessible aux étrangers et pour laquelle suffisait l'*animus domini*. Cette théorie ingénieuse, qui n'est pas d'accord, il est vrai, avec tous les textes que nous avons parcourus, prouve une fois de plus que les jurisconsultes romains ne se sont pas toujours bien rendu compte des principes par eux reconnus; mais elle ne porte aucune atteinte à la définition que nous avons donnée de la possession naturelle.

La possession ne doit être ni violente, ni clandestine, ni précaire, pour donner lieu à l'interdit. Ajoutons, d'après les termes de l'interdit même, comme aussi d'après le langage d'Ulpien, qu'il en serait autrement si ces vices ne pouvaient être opposés au possesseur que par une personne autre que sa partie adverse. Quand il possède violemment, clandestinement, précairement vis-à-vis de son adversaire même, on ne peut pas dire qu'il possède véritablement à l'égard de ce dernier, qui, par le secours de l'interdit *Unde vi*, peut faire prévaloir son droit de possession. Les vices de la possession d'un auteur ne passent point à l'ayant cause qui acquiert cette possession avec connaissance de son origine; ou plutôt il commence une nouvelle possession. Il est vrai qu'Ulpien (voir au titre cité, 3, § 10) ne parle que du vice de la violence; mais il est naturel d'étendre la même décision aux autres.

Nous avons vu précédemment, Dig., liv. XLI, t. II, 3, § 5, que deux personnes ne peuvent posséder en entier un même objet. Ulpien suppose cependant le contraire. Pour des gens qui ne voyaient le plus souvent qu'un fait dans la possession, cela devait paraître difficile. Voyez, en effet, ce qu'en pensait Paul. Mais nous croyons avec Ulpien que la chose n'est pas impossible, pas plus que de voir un droit reposer en entier sur plusieurs personnes prises isolément. Si l'un des deux possesseurs n'a qu'une possession violente, clandestine ou précaire à l'égard de l'autre, celui-ci a pour lui l'interdit. S'il en est autrement, la position est égale de part et d'autre, et tous les deux possèdent en même temps. Dig., l. XLIII, t. XVII, 3, pr.

Nous lisons au Digeste (voir le même titre, 3, § 5), qu'il se peut qu'un voisin fasse à tort avancer ses constructions sur le terrain d'un autre. On se demande s'ils pourront invoquer l'un contre l'autre l'interdit *uti possidetis*. Nous voyons ensuite qu'on déclare que son emploi n'est utile à aucun d'eux, parce que, dit-on, l'un possède le sol, et l'autre par ses bâtiments, la superficie. Nous n'avons jamais pu comprendre un pareil raisonnement: car si l'interdit est utile à quelqu'un, c'est assurément à celui qui possède. Dira-t-on maintenant que le possesseur du terrain occupé sans droit n'est pas troublé dans sa possession par la construction, qui l'empêche d'en user à son gré? Nous ne le pensons pas. D'ailleurs, nous sommes d'avis (v. Inst., liv. IV, t. xv, iv: *semper enim superficies solo cedit*) que l'interdit est applicable non-seulement à la possession du sol, mais encore à la superficie, qui ne peut en être séparée que d'une manière expresse. Les termes qu'emploie le préteur nous semblent conformes à cette opinion. Quant au possesseur des constructions, n'a-t-il pas lieu de se plaindre d'un trouble, lorsque le premier veut faire prévaloir la possession du sol sur celle des bâtiments? Nous sommes tenté de croire qu'il faut substituer, comme l'a fait Cujas, le mot latin *utile* à *inutile*, ce qui permet de dire que les deux possesseurs ont droit à l'interdit.

C'est dans un sens favorable à cette dernière opinion que nous paraît conçu le langage de Labéon rapporté pour un cas analogue au même titre du Digeste, 3, § 6. J'ai prolongé mes constructions sur les tiennes, dit le jurisconsulte cité, et, selon ton droit, tu m'opposes l'interdit *Uti possidetis*, puis-je en faire autant pour défendre ma possession? Labéon, il est vrai, ne répond point à cette question, mais de son silence nous concluons à l'affirmative. On peut, au reste, revoir les raisons que nous avons données dans la question précédente.

Plus loin, le même jurisconsulte propose l'espèce

suivante, 3, § 7 : Il existe au-dessus de mes appartements une pièce ou plusieurs qui sont occupées par une personne se comportant comme si elle en était propriétaire. Je peux opposer l'interdit, ce qui est défendu à cette dernière : *semper enim superficiem solo cedere.* Mais, ajoute le même, la décision devrait changer si la pièce ou les pièces occupées avaient issue directement sur la voie publique. Dans cette hypothèse, en effet, il faut admettre que celui qui les possède est la personne qui les occupe comme le ferait un propriétaire. Ceci n'empêche pas le superficiaire d'avoir un interdit qui lui est propre. Il en est traité au Digeste, à la suite de l'interdit *Uti possidetis,* et il est conçu, pour ainsi dire, dans les mêmes formes et le même esprit que celui-ci. Les actions qui en naissent appartiennent donc à celui qui l'a reçu du préteur. Il est vrai, nous l'avons déjà vu, que le propriétaire ou bailleur peut user de l'interdit *Uti possidetis* aussi bien contre le superficiaire que contre un autre ; mais, par l'interdit qui protége le superficiaire, le préteur fera toujours respecter la convention, c'est-à-dire les conditions du bail.

Ulpien, au Digeste, liv. XLIII, tit. XVII, 3, § 8, fait remarquer que ni le créancier envoyé en possession de l'objet qui garantit sa créance, ni tous ceux qui, comme lui, sont envoyés en possession d'une chose pour sa conservation, ne sont possesseurs. Il en conclut qu'ils n'ont aucun droit à l'interdit. Enfin, la revendication de la propriété faite par le possesseur ne lui enlève pas la faculté d'user de l'interdit : car la possession et la propriété sont deux choses fort distinctes en droit romain.

§ 5.

Lorsqu'après avoir obtenu l'interdit qui doit faire loi entre les parties, l'une d'elles obtient du préteur la délivrance d'une formule pour aller devant le juge, celui-ci met fin à la controverse, en décidant lequel a droit de posséder. Le doute, lorsqu'il existe, s'interprète contre le demandeur. Il ne reste plus à celui qui a perdu et qui voulait s'assurer le rôle de défendeur dans l'action en revendication, qu'à prendre celui de demandeur en revendication de la propriété : voir Instituts, liv. IV, tit. xv, 4.

Ulpien (Dig., liv. XLIII, tit. xvii, 3, § 11) nous dit que le gagnant obtient, par la condamnation, une somme qui représente le dommage causé par le trouble apporté à sa possession. Il rejette avec raison l'opinion de Servius, qui pensait que le préteur avait en vue de lui attribuer une somme représentant la valeur de la propriété. Nous voyons aussi, par les termes de l'interdit, qu'il est annal. Pour que l'année coure à partir du trouble ou de la violence, il faut que pendant ce temps le possesseur puisse agir. Enfin, c'est le possesseur actuel qui doit triompher. S'il y a doute sur le véritable possesseur, nous venons de le dire, l'usage est qu'on juge contre le demandeur.

II.

De l'Interdit qui maintient dans la Possession des choses mobilières.

De même que, parmi les interdits concernant la possession des choses immobilières, nous n'avons choisi que l'interdit *Uti possidetis*, de même, quant à ceux qui ont pour objet la possession des choses mobilières, nous n'avons pris que l'interdit *Utrubi*. Il en est parlé dans les Instituts, liv. IV, tit. xv, et un titre fort court lui est consacré au Digeste : voir liv. XLIII, tit. xxxi. Il est ainsi conçu : *Utrubi hic homo, quo de agitur, majore parte hujusce anni fuit : quominus is eum ducat, vim fieri veto.*

Voici ce qu'en dit Ulpien au titre du Digeste que nous avons cité : Cet interdit n'a trait qu'à la possession des choses mobilières ; mais il a été établi qu'il n'aurait de valeur qu'aux mêmes conditions que l'interdit *Uti possidetis ;* c'est-à-dire qu'il faut avoir vis-à-vis de son adversaire une possession qui ne soit ni violente, ni clandestine, ni obtenue à titre précaire, pour recourir utilement à l'interdit.

Pour bien apprécier le caractère des deux interdits que nous venons d'étudier, il n'est pas inutile de rappeler ce que dit Paul dans ses sentences, liv. V, tit. vi, 1. Pour conserver la possession, on a inventé, dit ce jurisconsulte, deux interdits, l'interdit *Uti possidetis* et l'interdit *Utrubi*, au moyen desquels nous cherchons à retenir la possession que nous avons déjà. Le premier donne l'avantage à celui qui était déjà en possession au moment que l'interdit a été rendu, pourvu que sa possesion fût exempte des vices que nous connaissons. Le second, au contraire, fait triompher celui qui, pendant l'année qui a précédé l'émission de l'interdit, a possédé plus de temps que son adversaire.

Lorsqu'on rapproche ce passage et les termes qu'emploie le préteur, du langage qu'on attribue à Ulpien, Dig., liv. XLIII, tit. XXXI, on trouve une certaine différence. Il ne semble pas, en effet, résulter du dernier que l'interdit *Utrubi* diffère de l'interdit *Uti possidetis,* en ce que l'avantage doit rester à celui qui a possédé le plus longtemps pendant l'année précédente. Ce que dit Ulpien semble plutôt s'adapter au système de Justinien. Aussi peut-on douter qu'on ait rapporté d'une manière bien exacte le fragment rappelé au titre cité. Voici donc l'abolition de la différence signalée, telle que nous la trouvons consacrée aux Instituts, liv. IV, tit. XV, 4 *in fine :* les effets de ces deux interdits, c'est-à-dire des interdits *Uti possidetis* et *Utrubi,* sont assimilés au point de vue de la possession. Ainsi, qu'il s'agisse d'une possession immobilière ou mobilière, elle doit demeurer à celui qui, au moment de la contestation, possède sans violence ni clandestinité, ni à titre précaire à l'égard de son adversaire.

Il résulte de ce que nous venons de lire, que ce n'est plus au moment de la délivrance de l'interdit, mais quand le procès est engagé, qu'on doit rechercher la possession qui doit l'emporter. Cela résulte des changements que nous avons signalés dans la matière des interdits, sous Justinien. En ce qui touche la procédure à suivre, il nous suffit de renvoyer à la procédure générale pour les interdits, partie qui, en effet, ne saurait être comprise dans notre thèse. Cependant nous croyons devoir rappeler que, d'après les Instituts de Gaius, liv. IV, 166 à 170, il existait en outre une procédure spéciale pour l'interdit *Uti possidetis*, qui, selon toute probabilité, devait être commune à l'interdit *Utrubi*. On rencontre dans cette partie des Instituts de Gaius de nombreuses lacunes; mais, en se reportant à l'ancienne action de la loi *per sacramentum* et à la procédure *per sponsionem*, on peut se faire une idée assez juste de la procédure particulière appliquée à ces deux interdits. Il y avait d'abord la mise aux enchères, *fructus licitatio*, pour savoir lequel des plaideurs aurait la possession de l'objet en litige; la *fructuaria stipulatio*, qui assurait la restitution de la chose et des fruits, lorsqu'elle devait avoir lieu, à celui qui avait succombé dans la mise aux enchères. Puis venaient les *sponsio* et *restipulatio*, par lesquelles les parties se provoquaient, ensuite la formule et le renvoi devant le juge, qui, suivant les règles de l'interdit, appréciait quel était le possesseur et condamnait l'autre, d'après les pouvoirs que lui donnait la formule. N'oublions pas aussi que, quand les interdits *Uti possidetis* et *Utrubi* étaient doubles, la *sponsio* et la *restipulatio* devaient l'être également?

Pour la condamnation, si celui qui l'avait emporté aux enchères succombait, il payait, outre la *sponsio* et la *restipulatio*, c'est-à-dire le double pari du procès, à titre de peine, la somme qui lui avait permis de retenir la chose en litige, et il devait restituer cette dernière, avec les fruits intérimaires. Plus tard, on imagina deux actions pour obtenir la restitution de l'objet de la contestation, *judicium cascellianum*, ainsi que des fruits, *judicium fructuarium*. C'était pour venir en aide au plaideur qui, vaincu dans la mise aux enchères, avait négligé d'obtenir la *fructuaria stipulatio*. Du reste, toute cette procédure particulière aux interdits, que nous venons d'examiner, est tombée presque entièrement sous Justinien.

DE LA POSSESSION

ET DE SES EFFETS

SPÉCIALEMENT DES ACTIONS POSSESSOIRES

DROIT FRANÇAIS

CHAPITRE PREMIER.

De la Possession envisagée au point de vue de la législation moderne.

Nous nous sommes déjà expliqué d'une manière suffisante sur l'origine de la possession, pour n'avoir plus à y revenir. Nous nous contenterons de rappeler que nous ne regardons point la propriété comme admise antérieurement à la possession, mais que ces deux choses, que ces deux droits, ont à nos yeux une origine commune et inséparable. Nous ne reviendrons pas également sur ce que nous avons dit des différentes étymologies attribuées au mot latin *possessio*, d'où vient l'expression française de possession.

Les jurisconsultes romains, lorsqu'ils définissent quelque chose, le font d'une manière aussi complète que possible. Nous n'en dirons pas tout à fait autant des rédacteurs du Code civil. Voici la définition qu'ils donnent de la possession dans l'article 2228 :

« La possession est la détention ou la jouissance d'une chose ou d'un droit que nous tenons ou que nous exerçons par nous-mêmes ou par un autre qui le tient ou l'exerce en notre nom. »

On a prétendu, d'après cela, que, pour posséder une chose, il faut la détenir soi-même ou par un autre, *avec intention de se l'approprier*. Ceci est bien conforme au droit romain et à l'esprit de nos lois, comme on pourra le voir par plusieurs dispositions que nous aurons occasion de citer. Mais assurément il ne faut pas chercher cela dans l'article que nous venons de rapporter. Chez nous, comme en droit romain, la mauvaise foi n'empêche point de posséder. On voit aussi, suivant les termes de l'article 2228, que les droits sont susceptibles d'être possédés comme les choses matérielles, ce qui ne se passait pas en droit romain, où les jurisconsultes étaient dominés par cette idée presque exclusive, à savoir que la possession consiste principalement dans un fait et ne peut être acquise que par un acte physique, la tradition ou l'occupation. Aussi, à propos de la possession, n'avons-nous point parlé des servitudes. Les Romains, du reste, avaient fini par inventer un mot, la quasi-possession, pour conférer une partie des avantages de la première aux objets qui n'étaient point susceptibles de la recevoir. Aussi voyons-nous que la quasi-possession ou l'exercice d'une servitude suffisait pour la garder ; que cette espèce de possession était dans bien des cas acquisitive de la propriété des servitudes, et pour cela protégée par des interdits, mais sans condition de temps, pourvu qu'elle ne fût point vicieuse. Cependant, le préteur, qui accordait l'interdit ou l'action utile, avait égard surtout à la durée de l'exercice des servitudes. Toutes ces distinctions, plus subtiles que raisonnables, ont donc disparu chez nous.

On a longtemps agité la question de savoir si la possession est un droit ou un fait, et déjà, dans la première partie, nous avons dû nous expliquer à ce sujet. Dégageons-la un instant de toutes les idées reçues dans les législations anciennes et modernes. Nous avons dit quelque part que nous ne saurions concevoir en théorie qu'on ne fît point marcher conjointement le fait avec le droit. En effet, si quelqu'un agit justement, par exemple prend possession d'un objet sans que l'équité en soit blessée, il agit avec droit, ou, si l'on veut, en vertu d'un droit; mais n'allons pas dire que le fait a précédé le droit. Nous ne concevons pas davantage le droit séparé des faits: leur union est telle, que nous devons l'accepter sans chercher à la discuter.

Maintenant faisons un retour vers la législation romaine. Les jurisconsultes de son époque, faute d'avoir bien compris ce qui précède, sont tombés dans des confusions regrettables. Cependant, comme ils enseignaient que la possession actuelle devait l'emporter, ils se seraient rapprochés davantage de notre système s'ils ne s'étaient pas trop attachés à faire dominer le fait dans la possession. La législation française s'est tirée d'affaire par des distinctions qui nous semblent encore plus difficiles à justifier que les théories romaines. Ainsi, le législateur reconnaît un fait qu'il dépouille entièrement des caractères du droit, celui de la simple détention, bien entendu avec l'intention de s'approprier son objet. Puis il organise un droit de possession créé par cette détention, lorsqu'elle a duré une année; et l'un des effets de ce droit acquis est de valider la possession qui l'a précédé et formé. Si on nous demande maintenant de justifier ce système au seul point de vue de l'équité, nous répondrons que notre philosophie n'est pas assez forte pour aller jusque-là. Si on exige que nous le fassions, au moins en ce qui touche l'utilité pratique, nous dirons qu'il y a d'excellentes raisons pour et contre, comme nous essayerons de le faire voir par la suite; mais que le meilleur moyen de défaire un nœud inextricable est de le trancher d'un seul coup, comme l'ont fait les rédacteurs du code civil, et avant eux le droit intermédiaire.

En présence de cette distinction, les anciens jurisconsultes avaient inventé une expression pour éviter toute confusion entre la possession dépouillée de caractère légal et le droit de possession acquis après an et jour. Nous voulons parler de la saisine possessoire. Aujourd'hui, comme autrefois, la possession s'acquiert dans le moment même où l'on détient la chose pour se l'approprier; mais, pour en être saisi, il faut l'avoir pendant une année. Cette saisine produit véritablement une sorte de prescription. Voici ses principaux avantages : elle rejette le fardeau de la preuve sur celui qui se déclare propriétaire, et, dans le doute, le possesseur doit l'emporter. Celui qui a cette saisine peut se faire maintenir en possession, même contre le propriétaire, en vertu d'une décision émanée du juge de paix, décision qui s'obtient d'habitude avec plus de célérité et d'économie que celles des tribunaux ordinaires. Après cette décision rendue en faveur du possesseur, le propriétaire doit satisfaire aux condamnations qui y sont prononcées, s'il veut faire valoir sa demande en revendication devant les tribunaux civils.

Il semble, après ce que nous venons de voir en dernier lieu, que le propriétaire a aussi un droit de posséder aussi bien que le possesseur annal, puisqu'il peut recouvrer ce droit en faisant triompher celui de propriété. Qu'on appelle le droit du possesseur annal droit de possession, celui du propriétaire droit de posséder, cela importe peu, car la variété des expressions n'enlève pas la difficulté. Pour nous, nous ne faisons que constater ces décisions du législateur, sans prétendre raisonner sur leur mérite ni chercher à les concilier.

Nous avons lu quelque part qu'aucun droit ne peut naître d'un délit, et que par conséquent le droit de possession ne peut se former le plus souvent. Si l'on raisonne suivant l'équité naturelle, cette objection est irréfutable. Nous dirons donc : Celui qui s'empare d'une chose pour se l'approprier, mais injustement, n'a pas le droit de posséder. Nous dirons même qu'il ne possède pas, puisque nous n'accordons de vertu aux faits qu'autant qu'ils ne sont point séparés du droit. Mais il ne faut pas perdre de vue que la société ressemble à quelqu'un qui, tout entier à des affaires fort multipliées et souvent fort difficiles, est obligé de traiter quelquefois en bloc et superficiellement celles qui lui semblent les moins importantes ou les plus obscures. Aussi la prescription, même la saisine possessoire, sont-elles des moyens qui font bien souvent terminer les controverses aux dépens de la véritable justice. Mais en réalité il ne s'agit pas de cela : il s'agit, au contraire, de savoir si le législateur, en vertu des fictions qui lui sont familières pour se tirer d'embarras, n'a pas voulu faire naître un droit des faits auxquels il s'habitue à donner le nom de possession. Pourquoi non ? Le législateur, grâce à sa puissance, a ici formé un droit, le droit de possession. Mais si l'on entend parler des délits prévus par le législateur, nous dirons qu'ils ne peuvent jamais fonder une possession par eux-mêmes lorsqu'ils sont manifestes.

M. Troplong pense que la possession n'engendre pas un droit spécial, mais un droit, une présomption de propriété, qu'on peut détruire, il est vrai, devant les tribunaux qui ne statuent point sur les actions possessoires. Cette idée, qui tend à ramener tous les droits à un seul, comme toutes les branches à l'arbre qui les soutient, rentre parfaitement dans les nôtres. Mais le législateur ne s'est sans doute pas préoccupé de cette conception éminemment philosophique. Prenons donc les choses dans l'état où elles sont. S'il est vrai que l'aveu du possesseur qui se déclare, devant le juge du possessoire, comme n'étant pas propriétaire, lui fait perdre même le droit de possession, il est constant aussi que, la loi empêchant le propriétaire de prouver que l'objet du litige lui appartient, la partie adverse peut être confirmée dans sa possession au préjudice de celui dont la propriété est un fait peut-être bien avéré. Puisque le droit de possession peut être opposé au droit de propriété, nous en concluons qu'ils ne doivent point être confondus et qu'ils doivent recevoir des dénominations différentes.

Nous ne nous arrêterons pas sur la possibilité qu'une même chose soit possédée *in solidum* par plusieurs personnes. Nous avons résolu cette question affirmativement en traitant du droit romain, et nous avons préféré à l'opinion de Paul l'avis d'Ulpien, Dig., liv. XLIII, tit. XVII, 3, pr. Notre solution reste la même en droit français.

Il convient maintenant de se demander si la possession forme un droit réel ou personnel. Sans suivre jusqu'au bout les discussions interminables que cette question a soulevées, ni discuter ce que vaut la distinction des droits réels et des droits personnels, distinction qui, basée sur l'ensemble de notre législation (voir surtout l'article 59 du Code de procédure), et sur la nature des choses, nous offre un mérite incontestable, nous dirons que le droit de possession est réel. Voici notre principal motif pour le décider ainsi. Celui qui a possédé, pendant trente ans, un immeuble qui ne lui appartenait pas, jouit du bénéfice de la prescription ; or, cette dernière engendre un droit réel, la propriété. Comme la possession annale est une sorte de prescription, nous pensons que le droit qu'elle engendre, et qui l'emporte sur la propriété contestée devant le juge du possessoire, doit revêtir le même caractère. Du reste, nous nous proposons de revenir sur cette question.

On objectera peut-être à ce qui précède que les interdits, à Rome, ne donnaient point lieu à des actions *in rem*. Cette objection ne nous paraît point sérieuse, parce que la division des actions en réelles et personnelles dépendait, chez les Romains, de la rédaction de la partie des formules appelée *intentio*, et que cette rédaction, bien qu'elle fût le plus souvent conforme à la nature des droits, n'en était pas un indice infaillible. Quant à nous, nous n'avons jamais douté que l'opinion de M. Savigny ne fût fondée en droit romain, même pour les interdits, qui servaient à maintenir le possesseur. Non-seulement l'*intentio,* mais l'emploi de la *restipulatio* faite après la *sponsio,* ce qui n'avait point lieu en matière réelle sous le système formulaire, nous prouve qu'ils ne donnaient lieu qu'à des actions personnelles. Nous ne nous séparons de M. Savigny que dans l'interprétation qu'il donne au langage d'Ulpien, Dig., 43, 1, *de Interd.,* 1, § 3 : ici nous partageons complétement la manière de voir de M. Ortolan.

On s'est attaché aussi à faire, en matière de possession, des divisions dont nous aurons à noter les principales. La première qui se présente et que nous avons déjà signalée, est celle de la possession civile et de la possession naturelle. On a vu que nous n'avons point demandé aux jurisconsultes romains une définition de ce qu'ils entendaient par ces mots. Les contradictions que nous avons remarquées entre eux nous prouvent, nous l'avons déjà dit, qu'ils ne se comprenaient pas toujours eux-mêmes, dès qu'il s'agissait d'apprécier les véritables caractères et les nuances diverses de la possession. Nous avons donné une explication de Pothier sur la division ci-dessus exposée, et, auparavant, nous avions avancé, quoique timidement, une autre définition à laquelle nous adhérons maintenant encore. La possession civile, avons-nous dit, est celle qui est pourvue d'effets civils, et la possession naturelle, celle qui en est privée. Ainsi celle-ci, en droit romain, ne donnait aucun droit à la prescription ni aux interdits, selon nous, malgré ce que dit Ulpien au Digeste, liv. XLIII, tit. XXXII, 1, § 8, passage interprété par Pothier dans un sens contraire à notre opinion.

Nous avons dit qu'à Rome ceux qu'on appelait *prædones* avaient la possession naturelle. Sans doute, si le législateur avait pensé, comme nous, qu'il n'y a de possession véritable que celle qui est conforme au droit, nous tiendrions un autre langage. Mais nous n'avons pas à refaire la loi. Que penserons-nous du fermier, du dépositaire et d'autres détenteurs précaires? Dirons-nous qu'ils ont la possession naturelle? Non : car ils n'ont pas l'intention de s'approprier la chose qu'ils détiennent.

En droit français, il nous semble qu'il est facile de trouver un cas de possession naturelle telle que nous l'avons définie. Supposons, en effet, une possession qui ait moins d'une année: l'appellerons-nous possession civile ou naturelle? Sans hésiter, nous l'appelons naturelle: car, pour que la possession de celui dont la propriété est contestée produise un effet civil, la loi exige un certain délai, sans lequel la possession n'est armée par elle-même d'aucune sanction légale. Enfin, toutes les fois qu'une possession n'est pas continue, ni paisible, nous la considérons comme dénuée d'effet civil et par conséquent comme naturelle vis-à-vis de celui qui peut opposer ses vices au possesseur.

La possession est de bonne foi, lorsque le possesseur n'a point connaissance des vices du titre qui lui fait passer la propriété d'une chose. Dans le cas contraire, il est de mauvaise foi. Voir l'utilité de cette distinction dans les articles 549 et 555 du Code civil.

Enfin, la possession est vicieuse ou non. Ainsi elle peut être violente, clandestine ou précaire, et, comme telle, elle est dépouillée des effets juridiques dont la loi investit la possession qui n'est point vicieuse. Nous avons parlé, à propos du droit romain, de la possession à titre de précaire, qu'il ne faut pas confondre avec celle que nous appelons précaire en droit français. Celle-ci désigne la simple détention pour le compte d'autrui ; en d'autres termes, elle n'est pas même une possession, puisque l'*animus domini* ne s'y rencontre pas. Par possession clandestine, on entend celle qui est ignorée surtout de l'adversaire. Du reste, nous serons obligé de revenir sur tous ces points, en donnant de nouveaux détails.

CHAPITRE II.

De l'Acquisition du droit de Possession.

Le législateur moderne a pris soin de distinguer le fait de posséder du droit de possession, ce qui demeure, pour ainsi dire, confondu dans les lois romaines. Nous regardons une telle distinction comme imposée par l'impuissance où l'on est de bien établir quelquefois l'origine de la propriété, et par le besoin où l'on est par là de rendre les propriétaires moins négligents; mais elle n'en reste pas moins, nous l'avons remarqué bien des fois, opposée aux principes de la véritable justice, qui est indépendante des lois humaines.

Nous avons, dans la première partie de cette thèse, laissé, sur les questions que nous développons, une obscurité qui, amenée par les données confuses des jurisconsultes Romains sur les principes de la possession, doit être levée ici complétement. Nous disions que, dans l'acquisition de la possession, nous ne comprenions pas qu'un acte matériel, un fait palpable, fût nécessaire: cela doit s'entendre du mode d'acquérir le droit de possession. Un droit, en effet, étant une chose immatérielle, peut se transmettre sans le concours d'un acte matériel; or, si l'on admet que le droit doit commander aux faits de cette nature, il faut admettre que celui de posséder doit être traité comme le domaine, dont il est, en quelque sorte, un démembrement. Qu'on ne vienne pas dire que la propriété est un droit qui ne dépend nullement des actes matériels, tandis qu'il en serait autrement du droit de possession. Outre que la prescription nous prouve le contraire, une pareille distinction n'est rien moins que conventionnelle, et rien n'est, plus que l'arbitraire, opposé aux règles invariables de la justice et de la raison.

Aussi, en développant la manière d'acquérir le droit de posséder par la possession elle-même, nous nous demanderons quels caractères et quels éléments peuvent, d'après nos lois, donner un pareil pouvoir à cette dernière, et nous verrons si le législateur ne s'est pas écarté des principes que nous venons d'exposer.

I.

Quels caractères doit réunir la Possession pour être admise au possessoire.

A la question posée l'article 23 du Code de procédure fournit cette réponse : « La possession doit durer depuis « une année au moins, être paisible, exercée par nous-« mêmes ou les nôtres, et à titre non précaire. »

Cette énumération est-elle suffisante, ou doit-elle être complétée par l'article 2229 du Code civil? Malgré l'accord unanime des auteurs que nous avons lus à admettre l'affirmative, notre raison nous fait douter qu'ils aient bien rencontré la pensée du législateur. Il existe un danger contre lequel on n'est pas assez en garde dans la doctrine : c'est de faire la loi, sous prétexte de l'interpréter. Aucun texte assurément ne renvoie à l'article 2229 en la matière qui nous occupe, et une théorie, quelque ingénieuse, quelque sensée qu'elle soit, ne peut être vraiment acceptée, si elle ne paraît soutenue par quelque disposition législative. On se retranche derrière cette idée, que le législateur n'a pu admettre qu'une possession qui serait, par exemple, clandestine, pût engendrer un droit. Nous répondrons qu'il a fait quelque chose d'aussi fort, lorsqu'il a décidé qu'une possession opposée au droit du propriétaire l'emportera, si elle réalise certaines conditions, devant une juridiction spéciale. On objecte que la possession doit toujours rester la même, qu'il s'agisse de fonder le droit du possesseur, ou de prescrire. Nous répondrons que c'est justement ce qu'il faut prouver, et que, malgré les imperfections d'une loi, il faut seulement l'appliquer sans y toucher. D'ailleurs, le plus souvent, si le jugement au possessoire lèse les droits du véritable propriétaire, cette décision ne demeurera pas définitive.

En suivant cette opinion, devrait-on déclarer que la continuité ne serait pas exigée en matière de possession annale ? Il résulte, ce nous semble, des termes de l'articles 23 du Code de procédure, que cette possession doit être continue. Quoi qu'il en soit, nous nous proposons de reproduire ici la théorie qui est la plus généralement répandue.

Suivant l'article 23 du Code de procédure, la possession doit être paisible. Le juge du possessoire est appréciateur souverain de la violence qui s'attache aux actes de celui qui envahit. Ainsi, la violence morale, la seule qui nous semble susceptible d'une durée telle que le possesseur ait intérêt à établir sa cessation, pour faire courir l'année contre le véritable propriétaire, aux termes de l'article 2233, empêche que la possession ne soit paisible. Que la violence soit faite par nous ou nos représentants, qu'elle soit faite contre le possesseur ou ses représentants, la décision est la même. Mais hors le cas de complicité, il importe peu que la violence ait été commise par un autre que l'envahisseur. Dès que la possession n'est plus accompagnée de violence, elle est utile.

Le mot paisible doit, selon nous, être pris dans une nouvelle acception, qui n'exclut pas la première. Ainsi, la possession, pour être utile, ne doit pas être continuellement attaquée par une personne qui nous conteste le droit de posséder un immeuble. Cette théorie n'est pas nouvelle : nous la retrouvons dans la coutume de Paris.

La possession doit être continue, aux termes mêmes de l'article 23 du Code de procédure, puisqu'il faut une possession qui dure depuis un an au moins. La loi entend sans doute par là que le possesseur ne doit pas, pour se maintenir, invoquer une possession abandonnée formellement ou tacitement, et ensuite reprise. Pour établir cet abandon, il faut s'attacher à l'intention du possesseur ; et, pour la reconnaître, l'examen des faits sera le plus souvent très-utile.

D'après le même article, la possession ne doit pas être précaire. Cela signifie qu'elle doit être exercée à titre de maître. Elle n'est plus précaire, dès que le possesseur n'en est plus investi par le maître pour lui en rendre compte : ce qui arrive quand il reste en possession d'un immeuble affermé, malgré le jugement qui le condamne à le délaisser. Sont détenteurs précaires : les fermiers, dépositaires, commodataires, tuteurs, administrateurs des biens appartenant aux femmes mariées, mandataires, usufruitiers, syndics et régisseurs. L'usufruitier n'est détenteur précaire que quant à la nue propriété, et peut défendre son droit d'usufruit au possessoire. L'incapacité de ces personnes passe à leurs héritiers (voir Code civil, art. 2236 et 2237). Toute personne est présumée posséder pour soi (C. civ., art. 2230). Nous reviendrons ailleurs sur ce sujet, spécialement en traitant de la perte de la possession.

Si l'on ajoute maintenant, d'après le système généralement suivi, les conditions qu'exige en outre l'article 2229 du Code civil, nous dirons que la possession ne doit pas être clandestine. La coutume d'Orléans porte qu'elle est réputée publique, lorsqu'elle a lieu au vu et su de tous ceux qui ont voulu en prendre connaissance (art. 170). Ici encore le juge apprécie d'une manière souveraine si la possession n'a pu raisonnablement être ignorée de la partie qui la repousse comme étant clandestine. Si le possesseur avait poussé les précautions d'une façon à rendre évidente son intention de cacher sa possession à ceux qui ont intérêt de la connaître, celle-ci deviendrait délictueuse, même aux yeux de la loi, dans certains cas, ce qui n'exclurait pas toujours l'intention de posséder en qualité de maître.

La violence et la clandestinité sont-elles chez nous, comme en droit romain, des vices relatifs, c'est-à-dire opposables seulement par la personne qui a été l'objet de la violence ou à qui la possession a été cachée ? Pothier nous apprend que, sous l'empire des coutumes, l'affirmative, quoique non énoncée d'une manière formelle, était adoptée. Rien ne nous autorise à croire que les rédacteurs du Code aient pensé autrement. Nous n'en dirons pas autant du vice de précaire. Chez les Romains on pouvait posséder précairement, ou plutôt à titre de précaire. Chez nous, où l'expression de précaire n'a plus le même sens, il faut dire que les détenteurs précaires ne possèdent pas, et, par conséquent, n'ont point d'action au possessoire.

Quand la clandestinité a cessé, la possession devient-elle valable à partir de ce moment? La loi n'en dit rien. En droit romain, Africain décide le contraire; Ulpien renvoie à l'origine de la possession, pour savoir si elle est vicieuse. Le silence de la loi, et la disposition de l'article 2223, en ce qui concerne la violence, opposée, selon nous, aux décisions des jurisconsultes romains, semblent conduire à l'affirmative. Cette manière de voir n'est pas tout à fait la nôtre. Une possession violente, quand la violence vient à cesser, pousse bien plus vivement qu'une possession clandestine un propriétaire à la revendication de ses droits, ce qui explique la disposition de l'article 2223. Une possession même non vicieuse éveille bien mieux l'attention du propriétaire contre lequel on possède, qu'une possession clandestine qui vient à être découverte au bout de quinze, vingt ou vingt-cinq ans. Qu'on décide donc l'affirmative en ce qui touche la prescription pour laquelle on exige une longue série d'années, soit. Mais, quelque sage qu'elle paraisse, nous voudrions, quand il s'agit du droit de possession seul, un texte formel.

Une possession devenue clandestine après avoir été publique, cesse-t-elle alors d'être utile? Les opinions ici sont partagées. Il est certain qu'en droit romain l'affirmative n'était pas acceptée; Pothier, dans l'ancien droit, décidait de même. Mais aujourd'hui M. Troplong embrasse la négative, et c'est à celle-ci que nous adhérons. Cet auteur fait remarquer avec raison qu'une possession qui flotte entre des intermittences de publicité et de clandestinité, est un piége tendu à la bonne foi, et que l'article 2269 du Code civil, concernant la bonne foi du possesseur, n'est pas précisément fait pour le possesseur clandestin. Nous ajoutons que, la loi proclamant que la possession doit être publique, sans distinguer son origine des temps postérieurs, il peut être téméraire d'introduire une distinction semblable, qui n'est appuyée sur aucun texte formel. Interpréter ainsi la loi, c'est la faire.

L'article 2229 du Code civil exige que la possession, pour prescrire, ne soit point équivoque. C'est ici surtout que le juge a un pouvoir d'appréciation absolu, pour savoir si les faits établissent d'une manière manifeste l'intention de s'approprier la chose que prétend avoir le possesseur. A-t-il entendu agir comme *negotiorum gestor*, ou non, user seulement de la condescendance qu'établissent des rapports de bon voisinage? ses actes de possesseur ont-ils été rares ou fréquents? Telles sont des questions que les tribunaux auront souvent à résoudre. Nous pensons que l'article 2229 aurait pu, presque sans dommage, ne point prohiber la possession équivoque. De deux choses l'une : les actes qui la rendent telle la rapprochent de la possession clandestine ou de celle qui est précaire. Or, dans ces deux hypothèses, celui qui veut se prévaloir d'une possession sur les vices de laquelle il existe des doutes sérieux, doit succomber.

Suivant le même article, la possession ne doit pas être interrompue, quand on veut prescrire. L'interruption est naturelle ou civile. Nous croyons qu'il n'est pas nécessaire de recourir à cet article pour déclarer que la possession discontinuée, c'est-à-dire abandonnée un certain temps par le nouveau possesseur, ou interrompue naturellement, c'est-à-dire reprise quelque temps par l'ancien possesseur, ne peut servir en tant qu'elle a précédé la discontinuation ou l'interruption. L'article 23 du Code de procédure suffit. Peut-on se figurer, en effet, qu'un homme soit en possession d'un immeuble depuis un an, s'il n'a pu posséder tout ce temps sans voir sa possession discontinuée, c'est-à-dire interrompue naturellement? Cela nous paraît difficile. Nous pensons que l'article 2229 du Code civil, au point de vue de l'interruption, ne peut être utile en ce qui touche le droit de possession, qu'en le rapprochant de l'article 2244, où il est question de l'interruption civile. Mais ceux qui hésitent le moins à déclarer l'article 2229 comme appelé à compléter l'article 23 du Code de procédure, semblent avoir peur d'appliquer au droit de possession l'article 2244. Nous sommes d'avis que, dans leur système, il faut se montrer plus hardi; un premier pas fait, le second ne doit guère coûter. Ce qui embarrasse, il est vrai, c'est que cet article se trouve placé entre d'autres qui s'obstinent à ne parler que de la prescription interrompue; et on croit se tirer d'affaire en disant qu'il est certain que la citation en justice interrompt la possession, puisqu'elle rend inutile, pour prescrire, le temps qui l'a précédée. Comme le droit de possession n'est pas seulement utile pour prescrire, nous trouvons cette dernière raison à moitié satisfaisante.

Mais enfin nous nous sommes engagé à reproduire l'opinion généralement suivie. Oui, l'article 2244 est applicable à la matière qui nous occupe, au moins en ce qui concerne la citation en justice. Faudra-t-il y ajouter l'article 2246, qui proclame interruptive même la citation devant le tribunal incompétent? La question est délicate, et a divisé les auteurs dans l'ancien droit. Aux yeux de la plupart d'entre eux, la citation constituait le possesseur en état de mauvaise foi; or on exigeait alors la bonne foi pendant toute la durée de la possession. Chez nous, cette dernière raison ne peut pas trop être invoquée pour justifier l'article 2246. Quoi qu'il en soit, nous pensons (voir la question précédente) que l'affirmative, dans le système reproduit par nous, est assez fondée.

La reconnaissance que le possesseur ferait du droit du propriétaire (C. civ. 2248), serait au moins une interruption civile. Elle équivaut à un aveu fait en justice, et détruit, pour ainsi dire, rétroactivement ce que nous appelons *animus domini*.

D'après l'article 2232, la possession ne doit pas être fondée sur des actes de pure faculté. Pour fixer le sens de ces derniers mots employés par le législateur, il suffit de se reporter aux auteurs qui ont écrit sur l'ancien droit, et de voir les exemples qu'ils nous en donnaient.

Les actes de simple faculté sont ceux qu'on peut se permettre d'après le droit commun. Il est souvent fort difficile de les distinguer des droits, qui, constituant une dérogation à la règle commune, une négation en notre faveur de ceux que devraient avoir des tiers, s'éteignent par le non-usage. Ainsi, qu'un contrat vous donne le pouvoir d'établir des jours sur un voisin, en dehors des prescriptions légales : voilà un droit de constitué, et contre lequel la prescription courra immédiatement, s'il n'est pas conditionnel.

Le même article déclare la possession de tolérance non valable pour fonder un droit. Elle offre beaucoup de rapprochement avec la possession équivoque, dont il a été question. Cette prétendue possession est basée sur des actes que les propriétaires ont l'habitude de souffrir à titre de bon voisinage (voir les servitudes discontinues), ou parce que ces actes sont, pour ainsi dire, sans importance et ne sont l'objet d'aucune difficulté. On peut reconnaître que la jouissance d'un droit aura lieu à titre de tolérance, ce qui exclut toute prescription acquisitive, l'article 2220 n'étant applicable qu'aux prescriptions libératoires.

L'article 2232 doit régler aussi bien le droit de possession que la prescription : il suffit de lire ses termes pour en être convaincu. Pourquoi l'article 2229 n'est-il pas aussi explicite ? Le législateur aurait-il rédigé ce dernier un peu légèrement ? Cela n'est guère supposable.

Un délit ne peut pas donner un droit à son auteur. Il faut en conclure que la possession délictueuse ne peut en donner aucun à celui qui veut s'en prévaloir. Par délit nous devons entendre ici tout fait auquel la loi attache une peine. Il ne faut pas confondre ici avec la possession délictueuse celle qui la suit immédiatement, sans être accompagnée d'actes qui soient réputés délits par la loi. L'article 2233, relatif à la violence, nous en donne la preuve. Pour nous, appréciant la chose au point de vue de l'équité, nous approuvons les jurisconsultes romains, lorsqu'ils disent que la possession délictueuse dans son origine demeure toujours telle, pourvu qu'aucun acte étranger au possesseur ne vienne en changer l'origine. Mais nous ne les approuvons pas, lorsqu'ils disent qu'une possession devenue délictueuse conserve vis-à-vis de l'ancien possesseur le caractère qu'elle avait dans le principe. On sait, d'ailleurs, qu'il n'y a point de délit *sine animo delinquendi*.

Non-seulement un délit ne peut procurer aucun droit à son auteur, mais il ne peut lui donner aucun avantage aux yeux de la loi. Il faut en conclure que la possession délictueuse ne peut servir à interrompre soit la prescription, soit la possession des tiers. Toutes les fois qu'un principe puisé dans l'équité elle-même n'est point combattu par la loi d'une manière formelle, on doit s'y rattacher.

II.

Quels éléments constituent le fait de Possession?

Recherchons les éléments qui constituent la possession. Quand nous les aurons trouvés, il sera facile de fixer le moment où elle commence.

En droit romain, on disait de la possession qu'elle s'acquérait *corpore et animo*. Le Code, par son silence, paraît à tous les auteurs se référer à cette décision romaine, et l'ensemble de ses dispositions ne semble pas étranger à cette opinion. Nous nous demandons néanmoins si, sous l'empire du Code, cette règle doit être bien prise à la lettre, quand il s'agit de la prise de la détention réelle de la chose.

Il est certain qu'en droit romain cette détention n'avait lieu que par un fait matériel. Aujourd'hui que les relations du droit avec la vie sociale ont perdu beaucoup de ces formes grossières et matérielles que l'on rencontrait autrefois, nous pensons que la règle ci-dessus reproduite est trop restreinte pour qu'on la prenne dans un sens absolu. Ainsi, qu'une sommation ait été faite par un tiers à notre fermier de payer entre ses mains le prix du bail, et que celui-ci, au lieu de payer à nous-même, obéisse à la sommation, si cette sommation nous a été signifiée, de pareils actes, dépourvus de clandestinité, bien qu'ils ne constituent point une détention physique, sont véritablement des faits de possession capables d'engendrer un droit.

Nous ne reviendrons pas sur les caractères que la possession doit offrir. Nous remarquerons seulement que plusieurs arrêts, voire même de la Cour suprême, nous semblent décider qu'on peut avoir plusieurs possessions distinctes sur un immeuble, comme cela arrive pour la propriété (Code civil, art. 553 et 664). Ces décisions assurément fort logiques peuvent donner aux juges qui les suivent beaucoup de peine, lorsqu'il faut discerner si un fait porte sur la possession d'un immeuble entier ou non.

Quand un arbre planté, sur la limite de deux héritages, à moins de six pieds, ne peut être distingué des autres plantes, ou tant qu'il est douteux s'il est là depuis un an, les tribunaux doivent faire triompher ce principe, que tout fonds jouit des prérogatives établies par le droit commun.

La détention peut avoir lieu par la chose du maître sans aucun acte de celui-ci, pourvu qu'on puisse lui supposer raisonnablement l'intention requise pour la possession.

Non-seulement il faut des faits capables d'établir une possession: on doit encore y joindre l'intention de posséder à titre de maître. On n'exige pas que le possesseur soit de bonne foi, ni qu'il entende posséder pour acquérir un droit.

Les incapables de contracter peuvent-ils acquérir la possession par eux-mêmes? Sur cette question, nous n'irions pas chercher l'article 1125 du Code civil, puisqu'il parle seulement de la capacité qu'ont ces personnes d'engager valablement les autres vis-à-vis d'elles-mêmes, et que la présomption résultant de la possession peut faire supposer tout autre chose qu'un engagement; mais cet article et plusieurs autres dispositions tendent à établir ce principe, qu'un incapable soit mineur, soit interdit ou femme mariée, demeure toujours capable de rendre sa position meilleure. Cette règle, qui s'est fait jour avec tant de peine au milieu de la législation romaine, et qu'on nous a transmise, est accompagnée d'une autre qui en rend assez souvent l'application difficile. Nous faisons allusion à celle qui dit que ces mêmes incapables ne doivent pas s'enrichir aux dépens d'autrui, c'est-à-dire porter atteinte aux droits des autres. On nous fera peut-être observer que cette dernière est ici hors de cause; qu'il ne s'agit point d'atteinte portée au droit d'autrui, puisque la loi elle-même établit le droit de possession sur la possession même. Ce dernier argument ne nous séduit point: car on résout la question simplement par l'affirmative. Sans doute, pour les personnes maîtresses d'elles-mêmes, il ne peut être parlé d'atteinte portée au droit d'autrui, quand la loi valide leurs actes de possession; mais pour en dire autant des incapables, il s'agit de savoir si la loi leur permet d'user d'une faculté qui, nous l'avons déjà vu, cause souvent un préjudice au véritable propriétaire. Qu'on ne dise pas qu'il n'y a point d'avantage à distinguer ici les incapables des autres individus: car le propriétaire se met naturellement bien moins en garde contre les actes de possession d'un interdit ou d'un mineur que contre ceux de toute autre personne. Néanmoins nous voyons les lois romaines décider en faveur du mineur. Il est permis de supposer que le législateur moderne n'a pas eu d'autre pensée. Quant à l'interdit, l'affirmative est plus douteuse.

Les personnes morales peuvent acquérir la possession par leurs administrateurs et par tout individu, fermier ou autre, qui a droit de les représenter pour améliorer leur position. On peut encore acquérir la possession par un *negotiorum gestor*, et la ratification, comme on le sait, a un effet rétroactif. Pothier, au contraire, pensait qu'on ne possédait par cet étranger que du moment de la ratification.

Nous n'ajouterons plus que quelques mots pour finir

ce chapitre. Lorsqu'un tiers possède un immeuble aliéné en ma faveur, sous condition ou à terme, par le véritable propriétaire, il peut en acquérir la possession, de même qu'il peut en acquérir la propriété, par prescription, *pendente conditione aut die* (arg. tiré de l'article 2257 Code civil).

CHAPITRE III.

De la Perte de la Possession.

On perd la possession, soit qu'on l'abandonne, soit qu'un tiers s'en empare. Dans cette seconde hypothèse, il n'existe point de privilége pour les mineurs, interdits ou autres. Pour qu'un tiers puisse nous dépouiller de la possession, il faut que la sienne soit publique (article 2229), c'est-à-dire que le propriétaire ait pu en prendre connaissance : c'est ce qu'on enseignait dans l'ancien droit. A Rome, on exigeait de plus que le propriétaire connût l'usurpation, sans doute parce qu'elle le dépouillait de la possession sur-le-champ, sans condition de délai.

En traitant de la perte de la possession, nous exposerons par là même la manière dont elle se conserve. En droit romain, nous en avons fait deux traités distincts, afin de grouper les textes suivant l'ordre qu'ils nous offraient. On a pu voir dans le chapitre précédent comment la possession peut être usurpée par les tiers. Nous aurons occasion d'y revenir ; mais nous allons d'abord parler de l'abandon de la possession.

I.

De l'Abandon de la Possession.

La possession se perd, comme la propriété, par le simple abandon. Chez les Romains, le domaine ne se perdait pas ainsi. Pour que la possession soit abandonnée, il faut qu'il y ait renonciation formelle, c'est-à-dire volonté de ne plus posséder. Le juge n'arrive à constater cette renonciation que par les signes extérieurs qui servent à la manifester. Celui qui renonce doit être maître de ses droits. L'incapable peut acquérir des droits, mais non abandonner les siens. Le fermier n'a pas qualité pour renoncer à la possession du bailleur; mais celui-ci est censé lui avoir donné pouvoir de ressaisir et garder sa possession, toutes les fois qu'il agit comme son représentant.

La renonciation à la possession peut-elle résulter de l'inaction du possesseur plus ou moins prolongée? C'est ainsi que nous avons trouvé la question posée. Si l'on a prétendu parler du droit de possession, nous répondrons, sans hésiter : Non. Un droit doit se conserver *solo animo*, surtout quand personne n'a tenté de nous le ravir : il faut que, sans danger, celui à qui il appartient jouisse de la faculté de l'exercer ou de s'en abstenir. Quant au fait de possession, la question doit être écartée : la possession, en effet, n'est valable que lorsqu'elle est continue.

Rien dans nos codes ne vient démentir, au moins d'une manière formelle, la solution que nous venons de donner; mais ce qui nous étonne, c'est de voir grand nombre de jurisconsultes de l'ancien droit et du nouveau décider autrement. On invoque des textes puisés dans les lois romaines; mais on devrait faire attention que la possession n'y est point reconnue formellement comme un droit, mais qu'on en parle plutôt comme d'un fait. On devrait remarquer que, s'il échappe à quelque jurisconsulte ou à quelque empereur de lui reconnaître le premier caractère, il règne d'ailleurs dans les principes qui en résultent, une confusion qui empêche d'en tirer des conséquences bien claires.

Nous pensons encore bien moins que la discontinuation des actes de possession, même occasionnée par un cas de force majeure, puisse faire perdre le droit de possession. Celui-ci ne sera enlevé, dans pareille circonstance, que si le droit de propriété est perdu lui-même. Ceci arrive, par exemple, lorsque le changement de lit par un cours d'eau envahit notre domaine d'une manière définitive : et ici nous croyons être d'accord avec les jurisconsultes romains.

II.

De la Perte de la Possession, quand un objet est détenu en notre nom, par une autre personne.

Trois hypothèses peuvent ici se présenter : celui qui est détenteur précaire peut chercher à s'emparer de la possession qu'il exerce en notre nom, ou bien à la livrer aux tiers; enfin, elle peut lui être ravie.

§ I.

Tant qu'un détenteur précaire, et par conséquent ceux qui succèdent à ses droits (voir au Code civil, art. 2237), détiennent en vertu du même titre, ils ne possèdent point. Or ils ne peuvent se changer à eux-mêmes la cause en vertu de laquelle ils détiennent. Celle-ci change seulement quand il y a interversion de titre qui permette au détenteur de devenir possesseur.

L'article 2238 du Code civil nous apprend que la contradiction apportée au droit du propriétaire peut intervertir le titre du détenteur précaire. Cette contradiction résulte de tout acte qui, parvenu à la connaissance du propriétaire, lui prouve que ce détenteur n'entend plus rester en possession pour le compte de celui qui l'y a mis. Si la contradiction ne résulte pas d'un écrit, elle peut être établie par témoins, comme tous les faits concernant la possession. Peu importe ici la bonne ou mauvaise foi du détenteur.

Le même article dit également que le titre peut être interverti par une cause venant d'un tiers. C'est ce qui arrive quand un tiers livre l'objet de la détention sans un titre quelconque de vente, de legs, etc., qui permette au détenteur précaire de le posséder désormais en son nom personnel.

Cette acquisition doit-elle être signifiée au propriétaire, pour que l'interversion ait lieu? Nous ne le pensons pas. Nous n'ignorons pas les raisons puissantes qui soutiennent l'affirmative : elles sont toutes tirées de l'équité; mais elles n'ont pour elles aucun texte de loi, et celui de l'article 2238, par son laconisme, y résiste de la façon la plus énergique. Nous savons qu'on a imaginé un système qui concilie tout. On a dit que la signification, il est vrai, n'est point nécessaire, mais qu'on doit exiger de la part de l'acquéreur des actes qu'il ne peut faire en la seule qualité de détenteur, et qui révèlent sa prétention à la propriété, et l'on menace de l'article 2229, qui n'admet pas la possession équivoque ou clandestine.

Que ce système soit bon lorsqu'il s'agit de la prescription, cela est possible, bien que l'article 2238 ne rappelle point l'article 2229. Mais nous, qui doutons que le dernier soit applicable en ce qui touche la possession annale, nous doutons encore bien davantage que la distinction proposée puisse convenir au droit de posséder. Voici quel serait notre avis, en prenant pour exemple un fermier. Le bailleur peut toujours, dans le bail, insérer une clause qui empêche l'interversion du titre, puisqu'il est seulement défendu de renoncer aux prescriptions libératoires, et que l'interversion donne lieu à une prescription acquisitive. Si cette clause avait été omise, le mal ne serait pas toujours sans ressource. Le législateur désire, pour le maintien de l'ordre, que tout propriétaire soit diligent : le bailleur, s'il est prudent, aura donc soin d'exiger du fermier le prix du bail, ainsi que les autres prestations dont il est tenu, aux époques indiquées. Si le fermier s'y prête de bonne grâce, il y aura à la fois discontinuation et interruption de la possession. Si les tribunaux le condamnent, on voudra bien accorder à leur décision autant de force qu'aux conventions des parties. Cette manière de voir rentre, croyons-nous, dans les vues du législateur, qui, dans ses motifs sur la possession et la prescription, a eu sans doute celui de punir le propriétaire négligent. Elle ne s'éloigne guère non plus de ce qu'on enseignait autrefois sous l'empire de la coutume de Bretagne. Ainsi, même au point de vue de la prescription, nous ne voyons pas que le tempérament apporté au moyen de l'article 2229 à l'article 2238, qui ne demande point au fermier d'agir ostensiblement comme propriétaire, soit indispensable.

En dehors des cas d'interversion que tolère l'article 2238, nous n'en trouvons point d'autre établi par la loi.

Devons-nous considérer le mari comme détenteur précaire des immeubles dotaux, et, à ce titre, comme placé sous la prohibition de l'article 2236 du Code civil ? Cette question nous paraît mériter un sérieux examen. En droit romain, elle ne paraît pas difficile à résoudre. On y enseignait, il est vrai, qu'on ne peut se changer à soi-même le titre en vertu duquel on possède; mais il était reconnu aussi que le mari était propriétaire de la dot de la femme. Ainsi, sous le rapport de la possession, comme sous plusieurs autres encore, la propriété qu'avait le mari des biens de son épouse, ne méritait pas, même dans les temps les plus avancés de l'empire romain, le nom de fiction.

Rien ne nous prouve que l'ancien droit, en France, ait voulu divorcer, sur ce point, avec la législation romaine, qui lui a surtout servi de base. Que penserons-nous du législateur moderne ? A-t-il consacré le système du droit romain, déclaré le mari propriétaire de la dot? Il ne s'en est pas expliqué d'une manière précise: de ce silence on peut être tenté de croire qu'il n'a point voulu changer les principes qui lui ont été transmis. Les partisans du système contraire invoquent cependant plusieurs articles du Code civil, parmi lesquels figure l'article 1552 : ce dernier ne peut s'expliquer qu'en admettant que le mari n'est point propriétaire de la dot. Sous le régime dotal, il n'y a donc point de doute à avoir; mais nous remarquons que ces mêmes articles sont tous puisés dans le chapitre consacré à ce régime, qui est tout exceptionnel. On répondra certainement qu'il n'existe point d'autres motifs pour décider différemment sous les autres régimes. Cette raison, sans être mauvaise, n'est pas bien décisive. Voici notre opinion, en ce qui concerne les derniers: Le mari n'est jamais propriétaire des immeubles dotaux. La propriété, en effet, n'est susceptible que des modes d'acquisition reconnus par la loi; or nulle part dans nos Codes on ne voit le mariage considéré comme un moyen d'acquérir les biens de la femme qui ne tombent pas en communauté. L'article 1552, quoique placé dans le chapitre du régime dotal, tend à faire voir la pensée qui domine le législateur; et, s'il avait voulu rendre le mari propriétaire des immeubles dotaux, il n'eût pas manqué de s'en expliquer.

De ce qui précède, il résulte que le mari doit toujours passer pour détenteur précaire des immeubles appartenant à la femme, et que l'article 2236 du Code civil lui est applicable.

Le créancier antichrésiste, quoique payé, demeure,

comme auparavant, détenteur précaire de l'immeuble non retiré, s'il n'a pas fait contradiction aux termes de l'article 2238, ou s'il n'y a pas eu changement de cause provenant d'un tiers. Dunod enseignait le contraire dans l'ancien droit; mais l'article 2238 ne limitait pas alors les cas d'interversion. Ainsi, le débiteur resté propriétaire peut, après sa libération, agir au possessoire, comme revendiquer sa propriété.

On peut posséder et prescrire par trente ans, en vertu d'un titre nul, lorsqu'il ne renferme point la négation de l'*animus possidentis;* mais celui du détenteur précaire ne peut être interverti en vertu d'une clause déclarée nulle à cet effet par la loi (2088 C. civ.).

Nous terminons ce qui regarde l'interversion par quelques mots sur la compétence du juge au possessoire. Quand elle est opérée par la contradiction opposée au droit du propriétaire, ce juge est compétent, comme à l'égard de tout acte de possession, quelle que soit l'époque à laquelle il faille remonter. Si l'interversion a lieu par une cause provenant des tiers, il cesse d'être compétent, lorsque le débat porte sur l'interprétation du titre d'acquisition qu'oppose le fermier.

§ 2.

L'article 2239 porte : « Ceux à qui les fermiers, dé-« positaires et autres détenteurs précaires ont transmis « la chose par un titre translatif de propriété, peuvent « aussi la prescrire. » Il faut conclure de là qu'ils possèdent, sans quoi la prescription serait impossible.

En rapprochant ce que nous venons de lire de l'article 2237, nous dirons que par titre translatif de propriété il faut entendre tout contrat, tout acte qui nous rend successeur ou ayant cause à titre particulier : car, si nous sommes continuateurs de la personne qui nous transmet la propriété, nous continuons aussi sa possession sans qu'elle change de caractère.

Nous réputons continuateur de la personne du défunt tout individu qui reçoit de l'hérédité une part qui, l'obligeant aux dettes de celle-ci, ne porte pas seulement sur tel ou tel objet particulier. Nous écartons d'ici les objections tirées de la saisine, qui manquent à certains d'entre eux ; nous éludons, autant que possible, les fictions légales ou non, parce qu'elles sont contraires à la vérité ; et la saisine en est une qui nous paraît seulement inventée pour l'ordre à établir dans la délivrance des biens héréditaires. Le légataire universel ou à titre universel, l'institué contractuel (voir les donations de biens à venir faites par contrat de mariage), sont, à notre avis, placés sous la prohibition de l'article 2237.

Si un donataire de biens présents et à venir optait seulement pour les premiers, à la mort du donateur, nous le traiterions comme un légataire particulier : car une donation de biens présents porte sur des objets déterminés, et ne force pas toujours à contribuer au payement des dettes.

Nous assimilerons aussi plutôt à des successeurs particuliers qu'à des héritiers qui continuent la personne du défunt, les enfants auxquels un détenteur précaire a fait le partage de ses biens (voir Code civil, art. 1075 et s.). Nous ne voyons ici qu'une donation ; or, il ne peut venir à la pensée qu'un donataire de biens présents continue la personne du donateur, surtout puisque la donation, même dans l'hypothèse que nous examinons, ne l'oblige pas à accepter la succession du donateur défunt. On sait aussi que toute donation de biens présents porte sur des objets déterminés, et non sur une portion d'une hérédité à partager.

Toutes les fois qu'il y a concert frauduleux entre le détenteur précaire et le tiers acquéreur, celui-ci pourra-t-il acquérir la possession? La loi, en pareille matière, n'exige pas la bonne foi. Ils peuvent donc tous les deux impunément agir de mauvaise foi; toutefois, si cette mauvaise foi était aggravée par un concert frauduleux, il nous répugnerait d'admettre une décision si peu morale. Aussi pensons-nous que, si le tiers acquéreur est de mauvaise foi, et qu'il laisse en son nom la possession au détenteur précaire, ce que nous appellerons une tradition feinte, il ne doit point acquérir la possession. La question, toujours quand il s'agit d'une tradition feinte, devient plus difficile, si on le suppose de bonne foi. En admettant que l'article 2229 du Code civil s'applique non-seulement à la prescription, mais encore au droit de possession, on se tire d'embarras en déclarant la possession clandestine; d'où l'on conclut à la négative.

Supposons maintenant que celui qui a acheté d'un fermier l'immeuble que celui-ci détient en cette qualité, ait acquis la possession par suite d'une tradition réelle, si le contrat est resolu, rescindé entre le détenteur précaire et le tiers acquéreur, les choses étant rétablies telles qu'elles étaient auparavant, le propriétaire est considéré comme ayant toujours conservé la possession. Mais si le détenteur précaire reprend la chose cédée par lui, et si son nouveau titre ne révoque point, dans le passé, celui qui rendait le tiers acquéreur propriétaire, la solution doit être différente, et ce détenteur commence une possession nouvelle à laquelle il peut joindre celle de ses auteurs, hormis celle qu'il a eue comme détenteur précaire. Si le tiers acquéreur, qui a conservé la possession de l'immeuble, en vertu de l'aliénation consentie par le fermier, devient héritier de celui-ci, il continue toujours de posséder en vertu de son titre d'acquisition.

Si l'on suppose un fermier laissant plusieurs héritiers, et le domaine affermé qu'ils partagent comme faisant partie de l'hérédité, le bailleur continuera de posséder par ceux d'entre eux à qui ce domaine sera dévolu par une opération de partage, telle que la licitation à laquelle ils recourront pour sortir de l'indivision. Mais si, après le partage, l'un de ces héritiers vend ce domaine qui lui est échu à son cohéritier, et si cette vente ne couvre pas elle-même une opération de partage, nous adoptons une décision différente, qui, si elle n'est pas malheureusement dictée par l'équité, est assurément conforme aux principes de notre droit.

§ 3.

Les actes faits par les tiers contre un détenteur précaire sont-ils réputés faits contre le propriétaire lui-même? Prenons pour exemple le fermier. Quand il s'agit des troubles, des actes matériels qui portent une atteinte à la possession, tout le monde est d'accord pour embrasser l'affirmative.

Mais qu'on parle des troubles de droit, les avis deviennent partagés. En appliquant l'article 2229 au droit de possession, voici comment on raisonne : Si ces troubles de droit dirigés contre le fermier ne sont point connus du bailleur, quand même le fermier y adhérerait par ses actes, la clandestinité qui environne ceux-ci conserve au propriétaire sa possession. Cette décision s'appuie encore sur une constitution de Justinien (voir au Code, livre VII, tit. XXXII, 12). Cette constitution va beaucoup plus loin que l'interprétation basée sur l'article 2229 du Code civil, et n'est assurément guère d'accord avec ce que nous avons vu précédemment, puisqu'il y est dit que les actes du fermier ne peuvent nuire au bailleur, *sive possessionem dereliquerit, sive alii prodiderit, desidia vel dolo.* Aussi, comme ce texte dit beaucoup trop ici, nous n'en tenons pas bien compte.

Nous sommes convaincu qu'il n'était pas nécessaire de recourir à l'article 2229 pour résoudre la difficulté. En effet, lorsqu'un tiers fait sommation à un fermier de le reconnaître comme propriétaire du domaine affermé et de lui payer désormais le prix du bail, si le fermier obéit à cette sommation, faut-il dire qu'il y a là un acte de possession, ou bien un trouble porté à la jouissance du bailleur? Nous ne le pensons pas. Autant vaut se demander si les controverses ou les conventions de deux individus, lorsqu'elles sont relatives à la propriété d'autrui, peuvent nuire à la possession du véritable propritaire, bien qu'elles n'aient pas été suivies d'effet à son égard.

Hors le cas de l'article 2239 du Code civil et celui où il s'agit de défendre la possession du bailleur, et par là de lui faire acquérir souvent celle d'autrui, le fermier est, vis-à-vis du bailleur, traité comme un tiers. Peut-on objecter que la sommation faite au fermier, étant suivie d'effet, puisqu'il paye désormais à un autre que lui le prix du bail, est une atteinte portée au droit du propriétaire? Assurément non. Son domaine n'a pas été possédé matériellement par l'auteur de la sommation, et le bailleur n'a pas été provoqué par ce dernier. Si quelqu'un a été véritablement attaqué dans son droit, c'est le fermier, qui, en payant à un autre que le bailleur, devra seul en souffrir, non pas en vertu de l'article 1768, car celui-ci parle d'usurpations commises, mais parce qu'en payant entre les mains d'un tiers, il n'a pu se libérer.

Nous ne verrions pas dans ce payement fait à un tiers par le fermier un trouble porté à la jouissance du bailleur, même si ce dernier en avait connaissance autrement que par une sommation, signification, ou tout acte judiciaire provenant de celui qui a sommé le fermier, ou même, si l'on veut, de celui-ci. Dans cette dernière hypothèse, il est réellement attaqué dans son droit; et si le fermier paye entre les mains de l'auteur de la sommation, ce dernier, à nos yeux, fait plus que de porter un trouble, il fait acte de possession.

III.

De la Possession des servitudes.

Il est bon de s'arrêter ici quelque temps sur la manière dont se perd la possession des servitudes. La loi se montre plus difficile pour l'acquisition de cette possession, et plus commode quand il s'agit d'y mettre fin. Le législateur a voulu ainsi maintenir la propriété libre autant que possible. Nous parlerons séparément des servitudes continues et des servitudes discontinues, en ce qui touche la perte de la possession.

§ 1.

Les servitudes continues n'ayant pas besoin du fait actuel de l'homme pour être exercées, elles se possèdent elles-mêmes pour nous, jusqu'à ce qu'un acte contraire n'y vienne mettre obstacle. Que cet acte soit fait sur le fonds servant ou sur le fonds dominant, il suffit qu'il mette obstacle à la servitude. Il importe peu qu'il soit fait ou non par le maître du fonds dominant. S'il provient de celui-ci, il fait présumer qu'il abandonne le droit d'exercer la servitude. D'ailleurs, la loi (article 707) ne distingue pas, et le droit romain, qui exigeait une possession contraire à la servitude, pour usucaper la liberté de son héritage, est hors de cause ici, puisque nous n'admettons point chez nous les distinctions résultant de l'usucapion et des règles qui la concernaient.

Cette décision ne devrait-elle pas changer si le propriétaire démolit sa maison, qui a un droit de vue sur l'héritage voisin, bien qu'il soit dans l'intention de la rebâtir? Voici une distinction que nous croyons devoir faire. Si le propriétaire se montre négligent à rebâtir la maison que lui-même ou des cas fortuits ont détruite, on peut présumer qu'il renonce à ses bâtiments et aux servitudes qui en dépendent: dans ce cas, il peut perdre la possession de ces dernières. S'il ne met aucun retard à rebâtir, on ne peut pas dire qu'il renonce, et par conséquent qu'il y ait eu acte contraire au droit de servitude: nous dirons donc qu'il conserve la possession des servitudes *solo animo*, ce qui ne nous paraît point contraire aux principes du droit en cette matière.

La convention, chez les Romains, ne suffisait pas pour créer une servitude: une quasi-tradition était encore nécessaire. La convention, chez nous, produit cet effet par elle-même, sans aucun secours. Devons-nous conclure de là que l'on peut prescrire contre le droit de possession aussitôt après la convention qui crée une servitude continue? Nous ferons encore ici la distinction précédente. Nous ne voudrions pas, en effet, que l'acquéreur de la servitude fût victime des cas de force majeure qui peuvent entraver ses travaux. Mais s'il est en faute, la prescription courra, sans qu'on puisse renoncer à une prescription libératoire.

Nous terminons ce qui concerne la perte de la possession des servitudes continues, en faisant remarquer que l'acte contraire doit, pour l'entraîner, enlever jusqu'aux derniers vestiges de la servitude.

§ 2.

C'est surtout à l'occasion des servitudes discontinues ou non apparentes que nous devons remarquer combien le législateur se montre peu favorable à l'existence de ces droits qui restreignent la liberté de la propriété. Les servitudes continues et apparentes peuvent s'acquérir, quant au droit de possession, par la possession qui dure une année; les autres n'en sont point susceptibles, et par conséquent ne s'acquièrent point par prescription. Les premières se conservent *solo animo,* pourvu qu'il n'ait pas été fait d'acte contraire; les servitudes discontinues, pour être conservées, ont besoin du fait actuel de l'homme. Ainsi, que l'on demeure un an sans exercer celles-ci, la possession en est perdue.

Sur ce dernier point, on s'est demandé si la décision ne doit pas changer quand, d'après la nature de la servitude ou le titre qui la constitue, les actes auxquels elle donne lieu doivent être répétés à des intervalles qui dépassent chacun une année. Nous n'appellerons pas ici le droit romain pour nous éclairer. Ses règles, appropriées à la nature exceptionnelle de l'usucapion, manqueraient ici d'opportunité. Il ne faudra toujours que l'absence de possession prolongée une année pour être dépossédé de la servitude. Mais, ne voulant pas que le propriétaire ait à souffrir de circonstances que sa volonté seule ne peut pas changer, nous dirons que le délai qui doit lui faire perdre la possession, lorsque le titre ou la nature de la servitude établit des intermittences forcées entre les actes de possession, ne doit partir que du moment où le maître de la servitude, par sa faute, peut être considéré comme renonçant à en user. Par des considérations analogues, nous n'admettons pas davantage qu'il puisse souffrir des obstacles résultant d'une force majeure; et en cela nous sommes confirmé par le droit romain (voir au Digeste, liv. VIII, tit. III, 35). Mais si le propriétaire de la servitude se trouve en faute par sa négligence de rétablir les lieux dans l'état primitif pour en jouir, on pourra prescrire contre lui, comme cela ressort clairement des articles 704 et 707 du Code civil. Entendus sans les distinctions précédentes, ces articles conduiraient aux décisions les plus injustes et les plus choquantes.

Enfin, il est bien certain que la faute provenant des représentants ou ayants cause du maître est ici réputée la sienne; que son erreur, à moins qu'elle ne provienne du dol de l'adversaire, ne peut le garantir de la prescription. Enfin, les empêchements à l'exercice de la servitude, lorsqu'ils sont tirés de sa personne, ne le garantissent pas contre la prescription libératoire; car une autre personne, un ami par exemple, aurait pu posséder en son nom.

L'abus d'une servitude discontinue ou non apparente n'en fait point perdre la possession; mais on ne peut l'étendre, car en cette matière il n'existe point de prescription acquisitive.

Tant qu'un fonds dominant est indivis, le copropriétaire qui exerce la servitude discontinue, en conserve la possession aux autres. Après le partage, il n'en est plus de même, car il n'y a plus de copropriétaires.

Si un fonds a été partagé, et qu'il soit assujetti à une servitude de passage, que devient celle-ci par le partage? Si le chemin qui lui est destiné passe tout entier sur l'une des portions, cette dernière seulement reste asservie. S'il passe sur plusieurs parties du fonds séparées par le partage, comme une servitude peut être exercée et perdue en partie, la possession du passage sera perdue sur celles qui seront restées libres une année. Cette décision est contraire à celle de Celse, en droit romain (v. au Dig., l. VIII, tit. vi, 6, § 1). Que devrons-nous penser si, d'après le titre de la servitude, celui qui la possède peut passer où il lui plaît? Nous croyons encore, malgré des auteurs recommandables, qu'il n'est guère possible d'admettre que le fait des héritiers, pas plus que du propriétaire du fonds servant, puisse toujours modifier l'exercice et partant le droit de la servitude. En effet, si le propriétaire du fonds assujetti à une semblable servitude, en vendait une partie en la déclarant libre, l'acquéreur de cette dernière ne pourrait prescrire afin de la libérer, que par des actes extérieurs qui seraient contraires à la servitude. Pourquoi ne pas appliquer la même décision au cas où des cohéritiers auraient partagé entre eux un immeuble grevé d'une servitude de cette nature?

Nous avons dit qu'on ne peut acquérir la possession d'une servitude discontinue ou non apparente par la possession seule; mais il en est autrement lorsqu'elle est appuyée sur un titre. Pour réacquérir la possession perdue, il faut plus d'un acte de jouissance dans la même année : sans cela, celui qui agirait au possessoire, pour recouvrer sa possession, dans tous les cas, devrait succomber. Un seul acte de jouissance que fait le maître de la servitude, suffit-il pour interrompre la prescription? Nous croyons qu'il ne suffirait pas, et que l'article 2243, qui doit servir à expliquer l'article 706 du Code civil, sera encore ici applicable; car ces mots : *La jouissance de la chose,* peuvent très-bien s'entendre de la jouissance de la liberté de l'héritage.

Nous n'avons presque rien à dire sur les servitudes légales. Cependant la loi range parmi les présomptions qui font tomber celle de la mitoyenneté des murs, des fossés et des haies, la possession, sans déclarer si, à cet effet, celle-ci doit être continuée pendant le temps nécessaire à la prescription. Nous croyons que le législateur, par son silence sur une question aussi grave, renvoie aux règles du droit commun. Toutefois, la jurisprudence nous paraît fixée en sens contraire à cette décision.

CHAPITRE IV.

De la Translation et de l'Accession de la Possession.

I.

Translation de la Possession.

Autrefois la tradition était nécessaire pour transférer la possession. Il est vrai que chez les Romains, où ce système était en pleine vigueur, la possession était principalement un fait; cependant on exigeait cette tradition pour la propriété même. Aujourd'hui la possession est traitée tantôt comme un fait, tantôt comme un droit : on la considère comme un fait lorsqu'il s'agit d'acquérir le droit de possession par elle; comme un droit, lorsqu'elle peut se conserver *solo animo*, et, nous l'ajoutons, se transférer *solo consensu*. Quand le droit est transféré, il ne peut rester à transmettre que la détention, qui consiste toujours dans un fait. Ainsi, quand la possession est un droit, et partant un démembrement du droit de propriété, la tradition en général n'est point nécessaire. Il en serait autrement s'il s'agissait d'une chose déterminée quant au genre ou à l'espèce.

Si le législateur nous semblait avoir bien compris les principes précédents, nous ne nous croirions pas autorisé à l'accuser de contradiction, comme nous l'avons déjà fait pour les jurisconsultes romains, quand il s'agissait de s'entendre sur la nature de la possession. Ainsi, il ne dirait pas (art. 1604 du Code civ.) : La délivrance est le transport de la chose vendue en la puissance et possession de l'acheteur. Par l'effet de la vente, la propriété est de suite transférée (articles 711 et 1138) ; il doit en être de même du droit de possession, sans lequel elle manque d'un élément essentiel, d'un de ses membres, pour ainsi dire. Il ne peut être question que de transmettre la détention. C'est en ce sens que nous entendons l'article 1604 ; mais si telle a été la pensée du législateur, nous lui dirons toujours :

Ce qui se comprend bien s'énonce clairement,
Et les mots pour le dire arrivent aisément.

Si notre langage paraît téméraire, nous irons chercher l'article 1606, qui porte : « La délivrance des effets mobiliers s'opère même *par le seul consentement des parties, si le transport ne peut pas s'en faire au moment de la vente.* » Or, le consentement dont il s'agit étant évidemment celui du contrat, pourquoi n'étendrait-on pas la même décision aux immeubles, qui assurément ne sont pas transportables ?

Nous devons dire que dans l'ancien droit il fallait la tradition pour faire passer la propriété à l'acheteur, et par conséquent le droit de possession : ainsi elle lui était nécessaire pour pouvoir exercer les actions possessoires. Mais aujourd'hui, depuis la loi du 23 mars 1855 sur la transcription, celle-ci est nécessaire pour transférer la propriété à l'égard des tiers. Aussi dirons-nous qu'elle est encore nécessaire pour transférer, à l'égard des tiers, le droit de possession et l'exercice des actions qui lui sont attachées. Si toutefois l'acheteur, qui n'a pas fait transcrire à temps, est laissé en possession de l'immeuble pendant une année, il pourra s'y faire maintenir, non plus en vertu de son titre, mais en vertu de sa possession annale. S'il n'avait point cette dernière, et si le titre était contesté, le juge du possessoire devrait surseoir pour que cette question préjudicielle fût tranchée au pétitoire.

Ce que nous avons dit de la transcription en matière de vente, doit être entendu aussi de tout acte entre-vifs translatif de propriété immobilière ou de droits réels susceptibles d'être hypothéqués. Même observation doit être faite en ce qui touche les droits réels susceptibles d'être possédés (voir la loi du 23 mars 1855, art. 1, 2 et 4); mais nous croyons devoir rappeler ici que les servitudes discontinues ne peuvent s'acquérir par l'usage non fondé sur un titre, titre qui doit être transcrit lorsqu'il s'agit des tiers.

Lorsque le titre translatif de propriété est d'une nullité absolue, la possession est-elle transmise? La négative nous paraît incontestable. Supposons un titre qui manque des formes prescrites par la loi: nous ne lui reconnaissons aucun effet. Le législateur nous dit lui-même qu'il ne peut fonder une prescription (v. art. 2267). On objectera peut-être qu'il n'empêche pas la possession annale d'avoir son effet et la prescription trentenaire de s'accomplir : nous le reconnaissons; mais ce n'est pas lui qui leur sert de cause aux yeux de la loi; c'est le fait de possession. Ce que nous venons de dire du titre nul, nous le disons également du titre prohibé par la loi.

Que devons-nous penser du titre dont la nullité est relative? Prenons pour exemple le titre qui est rescindable pour cause de minorité ou d'interdiction, comme nous pourrions prendre celui qui l'est pour cause de dol ou de violence. Il peut fonder la possession s'il n'est pas annulé. Si, devant le juge du possessoire, on oppose la nullité relative, il doit se dessaisir; toutefois, si celui qui s'en prévaut oppose une possession annale, le juge, en l'y maintenant, ne reconnaît point par là que le titre établit sa possession. Mais si la nullité n'est pas opposée, le juge maintient en possession celui qui s'y trouve en vertu du titre, même s'il émane d'un interdit. La nullité ne peut être invoquée que par l'incapable ou ses représentants. On pourrait douter que ce qui précède fût applicable à l'interdit : l'article 502 dit que ses actes sont nuls de droit. Nous traiterons de cet article comme de l'article 1604; car, en nous reportant à l'article 1304, à l'article 1312, ainsi qu'à plusieurs autres, nous n'hésitons pas à dire que l'interdit est assimilé, à peu de chose près, au mineur en ce qui concerne sa capacité. Nous reviendrons sur ce qui concerne la compétence des juges du possessoire en cette matière, lorsque nous traiterons des actions possessoires.

Que déciderons-nous lorsque l'erreur empêche le consentement nécessaire à la convention? Le défaut absolu de consentement rend le contrat nul d'une façon absolue : nous n'avons donc qu'à répéter ce qui a été dit précédemment. Mais comment concilierons-nous cette opinion, fondée sur le bon sens aussi bien que sur l'article 1108, avec l'article 1117, qui déclare que la convention contractée par erreur n'est point nulle de plein droit, et partant de là non opposable par des tiers? Nous rappellerons ce que nous avons dit des articles 1604 et 502: le législateur s'est encore expliqué en énigme. Il est des cas où, l'erreur entraînant un défaut absolu de consentement, la convention est d'une nullité absolue; il en est d'autres où, l'erreur ne faisant que vicier le consentement, la convention n'est qu'annulable. Dans les premiers, nous comprenons l'erreur sur l'objet de la convention; en ce qui touche la possession, cet avis est confirmé par ce qu'enseignait Ulpien chez les Romains. Nous y rangeons aussi l'erreur sur la nature de la convention. En droit romain, Julien enseignait que, si cette erreur n'avait d'autre effet que de confondre deux contrats translatifs de propriété, le domaine était transféré. Son opinion n'est pas la nôtre; et, comme nous assimilons le droit de possession au droit de propriété, notre avis, en ce qui le concerne, ne change pas. Enfin, la convention, à nos yeux, est d'une nullité absolue, quand l'erreur porte sur la personne de l'acquéreur, et, quand la tradition est nécessaire, sur la personne à qui elle est faite, tant qu'elle n'a pas été validée. Hâtons-nous de dire que ces questions de nullité ne sont point du ressort du juge du possessoire, et qu'il faut écarter le cas où l'on invoque une possession annale.

Lorsqu'il ne résulte de l'erreur qu'un vice de consentement, qu'une nullité relative, ce qui arrive lorsque l'erreur porte sur la substance de l'objet, il faut, nous croyons, se reporter à ce que nous avons déjà dit des conventions rescindables pour minorité, dol, etc. Supposons qu'un vigneron ait entendu acheter une terre propre à la culture de la vigne, et qu'on lui ait vendu un terrain humide et propre à devenir une prairie : nous pensons que, dans cette hypothèse, l'erreur porte sur une qualité substantielle de la chose, pourvu qu'il ait été parlé de l'intention de l'acquéreur dans le contrat.

Que devons-nous penser de l'erreur qui nous fait livrer un héritage sans y être obligé, mais avec la croyance qu'il était dû ? En droit romain, on nous eût accordé la *condictio indebiti*, ce qui fait supposer que la propriété, dans ce cas, était transférée, et *a fortiori* la possession. Cette solution nous paraît consacrée par le Code civil, où l'article 1380 porte que celui qui a reçu de bonne foi l'immeuble livré sans cause, ne doit que le prix de la vente, s'il a vendu cet immeuble à son tour. Ainsi les tiers détenteurs ne peuvent être troublés, sans quoi ils auraient un recours en garantie contre leur vendeur, qui cependant n'est obligé qu'à la restitution du prix. Nous concluons de tout ceci que la possession a été transmise.

D'après tout ce que nous avons dit précédemment, surtout sur la loi du 23 mars 1855, nous ne croyons pas avoir besoin de nous expliquer sur les conventions qui sont simplement résolues. Nous dirons seulement que la résolution qui a lieu de plein droit, enlève immédiatement la propriété et, ce qui nous sera bien contesté, le droit de possession, comme si un nouveau contrat venait de briser le premier. Si, après la résolution, celui qui a perdu la propriété conserve la possession pendant une année, il aura le droit de possession à un nouveau titre.

L'erreur du mandataire ne peut nuire au mandant, quand celui-ci, d'ailleurs, n'y est point tombé. Nous pensons que l'erreur du mandant, quand le mandataire ne dépasse point son mandat et qu'il n'erre pas lui-même, ne doit point nuire au représenté. La minorité, l'interdiction du représentant à qui est faite la tradition, n'empêchent pas la possession de passer au représenté, parce qu'il s'agit d'un fait, et que l'intention se trouve chez la partie principale pour la recevoir. Pour résumer, la personne du représentant et celle du représenté n'en font qu'une pour contracter, de manière que l'une supplée à ce qui manque à l'autre pour rendre la convention et la tradition valables, excepté toutefois les conditions de capacité requises chez le représenté, et auxquelles il ne peut être suppléé qu'en suivant des formalités établies par la loi.

Le propriétaire peut-il posséder sa chose pour le compte d'autrui? La négative était adoptée en droit romain (voir liv. XXI, *de Usucapionibus*, Jav.). Nous ne l'admettons chez nous qu'avec le tempérament suivant : si le propriétaire d'un immeuble en a perdu le droit de possession, et qu'il en reçoive la détention à titre précaire de celui qui déjà le possède, nous pensons que l'affirmative, et non la négative, doit être suivie. Mais s'il a conservé la possession, il est évident qu'il ne peut posséder que pour lui-même.

II.

De l'Accession de la Possession.

L'article 2235 du Code civil porte que tout successeur peut joindre à sa possession celle de son auteur, pour compléter la prescription. Si le législateur n'entendait parler que du droit de possession, l'article était inutile, puisqu'il est certain qu'en transférant nos droits, nous mettons en notre lieu et place nos ayants cause. Il a eu surtout en vue, pensons-nous, le fait de possession, abstraction faite des droits qu'il peut produire. Ainsi, si l'auteur a possédé six mois, et que l'ayant cause ait possédé pendant le même espace de temps, bien que le premier n'ait pas la possession annale, cette possession sera acquise à l'ayant cause, qui réunira la possession de fait de son auteur à la sienne.

On entend ordinairement par auteur celui dont on tient ses droits. Nous donnerons à ce mot, pour l'explication de l'article 2235, un sens tout à fait large. Il faut, croyons-nous, en matière de possession, reconnaître pour auteur tout précédent possesseur, lorsqu'il existe de sa possession à la nôtre un rapport nécessaire. Dans ce dernier sens, on est forcé d'admettre que le successeur ne sera pas toujours contraint de respecter les droits établis, les faits accomplis par son auteur.

Nous pensons trouver le rapport nécessaire dont nous avons parlé, toutes les fois qu'il s'agit d'actions en nullité, s'il y a lieu à revendication, à actions en rescision, en résolution; nous pensons le trouver aussi en cas de substitution entre l'appelé et le grevé, que le premier accepte ou non la succession du dernier. Nous en dirons autant au sujet de l'usufruitier : la possession de son auteur se partage entre lui et le nu-propriétaire à l'instar de la propriété même. Nous dirons encore que le nu-propriétaire joint à sa possession celle de l'usufruitier, quand l'usufruit prend fin : il reçoit alors, en effet, par l'intermédiaire de l'usufruitier, un démembrement de la possession de celui qui avait d'abord la pleine propriété. Mais nous ne verrions pas un lien entre deux possessions, si une personne devenait possesseur d'un immeuble dont la possession, sans lui être transmise, a été abandonnée par le dernier possesseur ; car elle ne recueille sa possession de personne. Dans cette dernière hypothèse, il faut toujours la possession annale pour avoir acquis le droit aux actions possessoires.

Il se présente ici une question assez délicate. Celui qui triomphe sur une demande en revendication, peut-il joindre à sa possession celle de la partie condamnée? Nous adoptons l'affirmative. Ici, en effet, le gagnant recueille sa possession des mains de son adversaire, et il ne faut pas perdre de vue que les jugements doivent produire l'effet des conventions. Le droit romain et le droit ancien, en France, nous sont favorables. Par conséquent nous ne croyons pas que l'article 2243 soit applicable à cette hypothèse : il ne peut être invoqué que quand les possessions ne sont pas liées entre elles. Or, nous le répétons encore, elles sont liées ensemble, quand nous recueillons notre possession d'une autre personne.

Nous considérons les fruits accordés au possesseur de bonne foi comme accordés en dédommagement de la perte que lui fait éprouver son erreur. D'ailleurs, on ne peut rien en argumenter contre la solution précédente, puisque le vendeur aussi garde les fruits qu'il a perçus avant la vente, ce qui n'empêche pas l'acheteur de joindre à sa possession celle de son auteur.

Il nous reste maintenant à parler des actions possessoires, ainsi que nous l'avons annoncé. Parmi les effets de la possession, elles occupent le premier rang ; ce sont elles qui servent à protéger, à faire reconnaître le droit, sans lequel la prescription ne saurait s'accomplir.

CHAPITRE V.

Des Actions possessoires en général.

On serait heureux de trouver, depuis les Romains jusqu'à nos jours, un enchaînement qui permît de suivre sûrement les législations postérieures à celle qu'ils nous ont laissée, et de reconnaître ainsi, d'une manière presque infaillible, l'esprit qui a présidé à la rédaction des lois modernes. Il n'en est pas ainsi en ce qui concerne les actions possessoires. Nous ne savons point, par exemple, comment on est arrivé à exiger que la possession fût annale, pour donner droit aux actions possessoires. C'est au treizième siècle seulement que nous voyons proclamer ce principe dans les Etablissements de saint Louis et la coutume de Beauvoisis.

La *nunciatio novi operis* a pu passer des Romains chez nous; mais, à partir du quatorzième siècle, malgré nos recherches, nous n'en avons trouvé presque aucune trace. Après les variations de la Cour de cassation, pour savoir s'il fallait distinguer chez nous la *nunciatio novi operis* de la complainte, la loi du 25 mai 1838 rappelle tout à coup, et sans qu'on sache pourquoi, le nom de la première. Il faut dire que celle-ci n'était chez les Romains ni une action, ni un édit, mais une sorte de sommation faite pour arrêter des travaux contraires à la possession de celui qui la faisait. La Cour suprême, à partir du

9 janvier 1833, décide que la dénonciation de nouvel œuvre doit se confondre avec la complainte.

Le législateur de 1838, désignant la *nunciatio novi operis*, la complainte et la réintégrande comme dévolues au Juge de paix, ajoute à ces actions toutes les actions possessoires. Nous avons donc cherché des actions possessoires hors des trois premières, et nous avons été amené à dire qu'il est difficile d'en trouver. En droit romain, où l'on distinguait grand nombre d'interdits possessoires, quand ils eurent, après la suppression des formules, passé aux actions les noms qui leur étaient propres, nous aurions sans doute abouti à un autre résultat.

Enfin, il est établi que la réintégrande a été inventée pour remplacer l'interdit *Unde vi*. Mais, comme on préfère chez nous le possesseur annal au possesseur actuel, et comme la violence de la part du spoliateur pouvait seule donner lieu à cet interdit, on s'est demandé si celui qui serait dépossédé sans violence, agirait par la complainte ou la réintégrande. Dans l'ancien droit, la plupart des auteurs décidaient qu'il devait recourir à la réintégrande, dont le nom même conduit à cette interprétation. Comme rien dans nos lois ne nous apprend que le législateur a prétendu innover sur ce point, on pourrait croire que la Cour de cassation a conservé les traditions du passé : elle n'en a rien fait. Elle est d'avis que celui qui a été dépossédé sans violence, n'a point la réintégrande, mais la complainte (voir plusieurs arrêts, entre autres un arrêt du 23 novembre 1846.) Ce premier pas étant fait, la Cour suprême en est plus hardie pour décider que la réintégrande est accordée au spolié, sans qu'il ait besoin d'avoir la possession annale. On lui vient en aide en citant un passage de Beaumanoir commentant la coutume de Beauvoisis. Cet auteur, en effet, enseigne que la possession annale n'est point nécessaire pour agir en réintégrande. Seulement, si l'on se reporte à l'ordonnance de 1667, au langage que tient de Ferrière, à Rodier, qui déclare que la plupart des auteurs, malgré l'opinion d'Imbert, pensent que le possesseur annal peut seul user de la réintégrande, on finit par se trouver embarrassé.

Enfin on a été encore plus loin. On a contesté à la réintégrande le caractère d'action possessoire, de sorte que sa nature devient quelque chose d'insaisissable. Aussi, pour être conséquent avec un pareil système, il faut bien l'accorder au détenteur précaire. En droit romain pourtant celui-ci n'avait pas droit à l'interdit *Unde vi*, que la réintégrande est venue remplacer chez nous.

La cour de cassation s'étant ainsi prononcée sur toutes ces difficultés, il y avait déjà longtemps, le législateur de 1838 a énuméré les actions possessoires, sans désapprouver sa jurisprudence. Le silence qu'il a gardé fut considéré comme une approbatoin, et la jurisprudence fut maintenue. On n'a pas réfléchi que le législateur avait pu manquer de hardiesse pour trancher ces questions délicates, car il lui arrive aussi quelquefois d'être timide.

Nous voudrions ne pas être obligé de prendre un parti sur les questions précédentes ; mais, puisqu'il n'en est pas ainsi, nous dirons que la réintégrande a lieu toutes les fois qu'il ne s'agit point d'un simple trouble, mais d'une dépossession complète, effectuée avec violence ou non; qu'il faut avoir le droit de possession pour user de cette action, et que nul détenteur précaire n'y a droit. Sur tous ces points, nous renvoyons à ce qu'enseigne M. Curasson. Ajoutons que, dans notre système, depuis le 22 juillet 1867, la contrainte par corps étant abolie en matière civile, il n'y a plus guère d'intérêt de distinguer la réintégrande de la complainte.

On s'est encore demandé si la récréance est une action possessoire. La négative paraît bien fondée aujourd'hui. Mais autrefois il y avait deux instances séparées, l'une pour la récréance, l'autre pour la maintenue, ce qui semble prouver qu'alors elle était considérée comme une action spéciale. Mais depuis l'ordonnance de Villers-Cotterets rendue par François Ier en 1539, ces deux instances furent réunies, quoique les jugements à intervenir sur l'une et sur l'autre pussent être distincts. Ce dernier point résulte des commentaires de Rebuffe sur l'article 59 de l'ordonnance.

Pothier enseigne que la récréance avait lieu en matière ordinaire, et que par elle le juge du possessoire pouvait, sans rien statuer définitivement sur la possession, accorder à l'une des parties la jouissance provisionnelle de l'immeuble contentieux, en les renvoyant au pétitoire, et sous la condition, pour celle qui avait obtenu cette jouissance, de restituer les fruits à l'autre partie, si cette dernière triomphait dans sa revendication. Telle était la récréance, et telle encore elle est adoptée aujourd'hui par la cour suprême.

Mais dans quels cas peut avoir lieu la récréance? Il semble que dans l'ancien droit elle avait lieu toutes les fois que la possession était douteuse entre les parties. D'après le dernier état de la jurisprudence, la cour de cassation fait les distinctions suivantes : si les possessions des deux parties offrent des caractères différents et réunissent les conditions légales, elles sont l'une et l'autre maintenues (cass., 18 mai 1858) ; si elles offrent le même caractère, les parties sont maintenues dans leur possession, ce qui rend la possession de l'immeuble indivise entre elles, à l'image de ce qui arrive entre deux personnes qui ont un droit à la propriété entière d'un même objet (req., 6 janvier 1852). Mais si aucune des possessions n'est prouvée, la récréance est admise (cass., 11 février 1857, 5 novembre 1860).

Sous ce dernier point de vue, pas plus que sous les autres, nous ne sommes porté à admettre la récréance. D'abord, aucun texte dans nos lois n'y autorise les juges du possessoire, pas même l'art. 6 de la loi du 25 mai 1838, puisque la récréance n'est pas une action. Ensuite, nous avons bien de la peine à ne pas voir dans la récréance une espèce de déni de justice, du moment que le juge renvoie les parties au pétitoire, sous prétexte que leur possession est obscure. On objectera sans doute que le juge du possessoire ne renvoie pas les parties sans avoir rien statué sur leur différend, puisqu'il accorde à l'une d'elles une jouissance provisoire. Mais qui ne voit là une pure subtilité? Pour qu'il y ait déni de justice, il faut refuser de se prononcer sur l'objet du litige. Or, quel est ici l'objet du procès, sinon la possession elle-même, et non une jouissance provisoire?

Il faut aussi se demander si les actions possessoires sont des actions réelles. Nous nous prononçons pour l'affirmative. Suivant nous, le droit de possession est un démembrement du droit de propriété, et partant en emprunte la nature : ainsi, nous pouvons revendiquer le droit de possession sur un immeuble, tant qu'on ne peut pas nous opposer une espèce de prescription, c'est-à-dire la possession annale. Or les actions possessoires, ayant pour objet de revendiquer ce droit, doivent nécessairement en prendre la nature. Ainsi, la compétence du juge est fixée, *ratione personæ*, par la situation de l'objet litigieux. On peut se reporter à l'article 3 du Code de procédure et à la jurisprudence de la Cour de cassation. Même en cas de simple trouble, si la contestation ne portait pas sur le droit de possession, il n'y aurait plus une action possessoire, mais une action tendant simplement à la réparation du préjudice causé, et pour laquelle les règles seraient différentes en matière d'appel.

Pour terminer cet aperçu, nous dirons encore un mot d'une question importante qui a été vivement agitée. On sait que chez les Romains la possession mobilière était reconnue et protégée. Chez nous, on s'écarta complétement du droit romain sous ce rapport, et on fut porté à négliger la possession des choses mobilières. Aussi, dans l'ancien droit, on ne songea à protéger que la possession immobilière et celle des universalités de meubles. M. Belime enseigne que, sous l'empire du Code Napoléon et des lois nouvelles, cette dernière n'est plus reconnue ; mais M. Boitard pense différemment, et sa manière de voir nous paraît raisonnable.

L'ordonnance de 1667 et la coutume de Paris admettaient les actions possessoires pour retenir la possession des universalités de meubles. Nos lois ont-elles aboli expressément cette disposition exceptionnelle? Non, assurément. Mais l'ont-elles fait au moins d'une manière indirecte? Nous ne le croyons pas. Ce n'est pas, tout le monde en convient, pour les universalités de meubles qu'a été établie la règle : En fait de meubles possession vaut titre. Ces mots de l'article 3 du Code de procédure : la situation de l'objet litigieux, nous paraissent être favorables à notre opinion : car, en parlant d'objet litigieux, le législateur a bien pu entendre aussi ces universalités; et, quant à la situation qui fixe la compétence *ratione personæ*, on ne prendra pas celle des meubles considérés en particulier, mais le siége de l'universalité dont ils font partie. Nous pensons, avec M. Boitard, que les troubles de droit pourront seuls donner lieu aux actions possessoires en cette matière; car, lorsqu'il s'agit des troubles de fait, l'article 2279 du Code civil doit reprendre son empire. Enfin, la loi n'ayant pas pris soin d'énumérer les objets susceptibles d'être revendiqués au possessoire, il est naturel de se reporter à l'ancien droit. Si elle ne parle jamais que des immeubles en ce qui touche le possessoire, c'est qu'elle a eû en vue ce qui se présente le plus souvent, *quod plerumque fit*.

CHAPITRE VI.

De la Complainte.

Autrefois la complainte était un mot qui servait à désigner toute action possessoire. Aujourd'hui, d'après notre système, et depuis l'abolition de la contrainte par corps en matière civile, il faut en dire autant (voir ce que nous avons dit dans le chapitre précédent). Par la complainte, on conclut à être maintenu dans la possession, et non à être déclaré propriétaire, comme le fait le demandeur en revendication. La bonne foi n'est pas nécessaire pour y avoir droit.

Cette action peut concourir avec une action criminelle. On en trouve des exemples dans les hypothèses prévues par les articles 456 et 457 du Code pénal. Elle peut également concourir avec une action civile, ce qui arrive lorsqu'il y a dommage fait aux champs, fruits ou récoltes, et que l'auteur du délit se défend en prétendant à la possession.

Comment faut-il interpréter l'ancienne maxime : *Complainte sur complainte ne vaut?* La cour suprême, dans un arrêt du 17 mars 1819, semble être d'avis que le jugement sur la possession rend précaire celle que le condamné peut avoir dans la suite, et que par conséquent il ne peut acquérir par celle-ci un droit protégé par la complainte Comme il n'est pas permis d'attribuer plus de vertu à un jugement rendu sur le possessoire qu'à un jugement rendu au pétitoire, ou à un titre qui fixe la propriété au profit de l'une des parties, nous n'acceptons pas cette jurisprudence. Nous croyons seulement que, si le jugement statuant au possessoire n'est pas exécuté par la personne condamnée, celle-ci ne peut se prévaloir d'une nouvelle possession, tant que ce jugement n'est pas prescrit, bien entendu s'il ordonne la restitution de l'objet litigieux, ou la destruction des ouvrages qui servent de base aux prétentions de la partie. Le sens véritable de la règle citée est, suivant Imbert, qu'une personne qui croit avoir la possession d'un immeuble, possession que se disputent déjà deux autres parties au possessoire, ne doit point se pourvoir alors par voie directe et principale contre elles, mais demander à intervenir dans la cause, en formant opposition à la complainte engagée. L'action directe ne devrait être engagée que si la première affaire était terminée.

Quand le juge de paix est appelé à décider une question de distance relative à des plantations, l'action en maintenue possessoire basée seulement sur ce qu'elles sont faites depuis une année, n'est pas admissible : autrement, le second paragraphe de l'article 6 de la loi du 25 mai 1838 serait inutile, puisque, si elles n'existent pas depuis une année, la complainte serait toujours possible, d'après le droit commun, contre l'auteur des plantations. Toutefois, même quand il s'agit d'apprécier la distance des plantations, le juge de paix ne doit pas connaître des questions de propriété.

Le juge de paix, pour faire respecter une décision au possessoire, lorsqu'elle fixe des limites à la possession de deux parties dont les propriétés se touchent, peut ordonner une plantation de bornes; mais ces dernières ont un caractère provisoire, c'est-à-dire dépendent des décisions rendues au pétitoire.

Si une partie intente une action possessoire, le défendeur ne peut y répondre par une demande en bornage; car, celle-ci étant une revendication véritable, comme on l'enseignait chez les Romains (Dig., *Fin. reg.*, l. I), les atteintes portées à la possession doivent avant tout être réprimées. Si l'action en bornage est intentée la première, et qu'on soulève une question de possession, celle-ci doit être résolue préalablement.

Nous ne distinguons pas la dénonciation de nouvel œuvre de la complainte. Papon nous apprend que dans l'ancien droit elle n'en était pas distincte, et Pothier n'en parle point. La Cour de cassation, qui avait d'abord décidé le contraire, avait ensuite déclaré que, sans s'occuper si les constructions sont achevées ou non, si elles n'ont pas une année, la complainte est recevable, quand la loi du 25 mai 1838 est arrivée. Mais cette dernière n'a pas fait varier la jurisprudence de la Cour de cassation : car le législateur, fort embarrassé lui-même, y a nommé la dénonciation de nouvel œuvre, sans la définir, et en la soumettant sans restriction aux mêmes conditions d'annalité que les autres actions possessoires.

Le juge du possessoire peut-il ordonner la destruction des ouvrages? Aucun texte à notre connaissance ne l'empêche. Il doit user avec prudence de cette faculté. S'il en est autrement, on a la ressource de l'appel, qui se porte devant les juges mêmes du pétitoire, lesquels, dans la prévision d'une demande en revendication, pourront se montrer mieux avisés. Si la partie gagnante n'obtient pas la destruction des ouvrages, elle peut toujours obtenir des dommages-intérêts, et elle aura interrompu la possession de son adversaire. On comprend, en effet, qu'il ne serait pas toujours bien sensé de faire démolir un bâtiment, sur les seules raisons tirées de la possession, lorsqu'il est à peu près certain qu'au pétitoire, celui qui n'avait point cette dernière, sera déclaré propriétaire.

Supposons que des bâtiments aient été élevés sur le terrain possédé par un autre que le constructeur: qu'arrivera-t-il, si le possesseur du terrain est envoyé par le juge en possession de son héritage, et par conséquent de la superficie, c'est-à-dire des constructions? Le juge du possessoire pourra-t-il, examinant la bonne ou mauvaise foi du constructeur, obliger l'autre partie à lui tenir état des dépenses, suivant les prescriptions de l'article 555 du Code civil? Il est bon de noter que cet article ne parle que du propriétaire du fonds, qualité que le juge du possessoire doit mettre de côté, et que, pour procéder aux évaluations de l'article 555, il faut des délais et des frais considérables, qui pourraient être faits en pure perte, si, au pétitoire, le constructeur venait à triompher. Ces raisons nous font admettre la négative.

Si le constructeur, ayant ainsi perdu au possessoire, n'agit point en revendication, nous pensons qu'il peut exercer l'action qui lui est dévolue par l'article 555, et pour laquelle, en effet, aucune condition de possession n'est exigée. Cette action est de la compétence des tribunaux ordinaires. Du temps des Romains, le constructeur n'avait pas cette action : car on n'avait alors que celles accordées expressément par la loi.

Le tribunal civil peut décider provisoirement, c'est-à-dire avant de décider la question de propriété, la cessation des travaux commencés avant la demande en revendication ou depuis. Comme il ne prend pas pour base de cette décision la possession de l'une des parties, mais les présomptions de propriété qui sont en sa faveur, le juge du pétitoire n'empiète pas sur le possessoire.

Nous avons également dit que, depuis l'abolition de la contrainte par corps en matière civile, il n'y a plus d'intérêt de distinguer la réintégrande de la complainte. On comprend l'usage de l'interdit *Unde vi* chez les Romains : puisqu'ils préféraient le possesseur actuel à tout autre, il était bien raisonnable de faire une exception pour celui qui avait usé de violence afin de déposséder quelqu'un. Chez nous, où le possesseur annal est préféré, cette disposition toute romaine est loin d'offrir le même degré d'utilité. Mais il y en a qui ont la passion de copier des législations mortes, sans s'occuper si les mêmes raisons de décider comme elles subsistent encore.

On a prétendu s'éclairer au moyen de l'ancien droit. On a poussé les recherches jusqu'aux temps qui précédèrent le XIIIe siècle. Nous ne savons pas au juste s'il y a grand éclaircissement à attendre de ces temps, où, malgré les louables efforts du clergé, qui d'ailleurs n'entendait guère dans les lois romaines, le chaos avait pris la place des institutions d'une époque plus civilisée. Mais ce que nous croyons savoir parfaitement, c'est que, depuis le XIIIe siècle, la rédaction assez incomplète des coutumes et des ordonnances, et la contradiction qui existe entre plusieurs écrivains qui ont suivi cette époque, ne contribuent pas peu à laisser de l'incertitude. Cependant, comme les derniers jurisconsultes de l'ancien droit, qui ont eu à commenter les derniers monuments législatifs de leur époque, doivent être surtout pris en considération, nous rappelons ce que dit M. de Ferrière sur l'ordonnance de 1667, et ce que rapporte M. Rodier de l'opinion la plus répandue alors (voir le chapitre précédent).

Maintenant, si nous considérons la législation moderne, sur quels appuis repose la jurisprudence de la Cour de cassation? Peut-être sur le second paragraphe de l'article 2060 du Code civil? Nous ne le pensons pas: car cet article ne nous donne aucune idée sur la nature de la réintégrande, mais il a trait à l'exécution des jugements rendus dans certains cas au possessoire. Mais voici un argument très-fort que font valoir les partisans du système combattu par nous. Ce système était celui de la Cour suprême avant la loi du 25 mai 1838; or cette loi nouvelle a classé la réintégrande parmi les actions possessoires: donc la réintégrande doit différer de la complainte; donc les opinions de la Cour de cassation se trouvent consacrées et justifiées. Nous rendons certainement hommage au mérite des personnes qui soutiennent l'avis contraire au nôtre; mais nous ne comprenons pas qu'on ait le talent de faire parler le législateur, même quand il ne dit rien, c'est-à-dire en dépit de lui. Où a-t-on pu voir qu'en nommant la réintégrande, le législateur a eu l'intention de consacrer la doctrine de la Cour de cassation? Celle-ci, pour étayer son système, comme nous l'avons fait remarquer dans le chapitre précédent, a besoin de soutenir que la réintégrande n'est pas une action possessoire, et qu'ainsi la possession annale n'est point nécessaire pour pouvoir l'exercer. Or, si on lit l'article de la loi de 1838, le premier sens qui se présente à l'esprit, est que cette action est possessoire; mais la science, qui a quelquefois pour résultat d'embrouiller les questions, a cru y découvrir le contraire, comme si le législateur se plaisait à poser des énigmes.

Nous nous étonnons que les auteurs qui défendent avec tant d'art la doctrine de la Cour suprême, n'aient pas songé qu'il fallait prétendre aussi que la dénonciation de nouvel œuvre, étant désignée dans l'article 6 de la même loi, diffère essentiellement de la complainte, et se trouve ainsi soumise à des règles bien différentes. Pour nous, nous sommes d'avis que le législateur, énumérant la dénonciation de nouvel œuvre et la réintégrande à côté de la complainte, a eu l'intention de prouver que ces actions devaient prendre la nature et les règles de cette dernière. Enfin, il a pu hésiter pour se prononcer sur la doctrine de la Cour suprême. Qu'on ne dise pas qu'il est défendu au législateur d'hésiter, et à nous de le dire; car nous crierons encore plus haut qu'il ne faut pas lui donner les attributs de la perfection.

Quand les voies de fait pour ravir la possession ont lieu sur la personne, il existe des lois pénales qui doivent atteindre le coupable. Si elles sont accompagnées de délits d'un autre genre, le même remède se présente. Mais si ces délits n'existent point, nous ne voyons pas que le trouble soit si grave qu'il faille absolument ériger en loi la doctrine que nous avons repoussée, et qui, d'ailleurs, laisserait au juge du possessoire des difficultés énormes pour distinguer les circonstances qui pourraient donner lieu à la réintégrande.

D'après les idées que nous avons émises, il nous paraît hors de doute que la réintégrande ne s'accorde qu'à ceux qui ont la possession de l'immeuble enlevé; que, n'étant plus une action pénale, elle n'est point personnelle, mais réelle; et nous laisserons dans le repos des législations passées, qui ne sauraient plus s'imposer au milieu des principes nouveaux du droit moderne. Dans le droit romain, en effet, l'interdit *Unde vi* était personnel, et la réintégrande prit peut-être ce caractère à son début.

Quant aux actions pénales qui peuvent concourir avec la réintégrande, on peut se reporter aux art. 456, 449 et 434 du Code pénal. Mais faut-il croire que l'art. 55 de ce code permet de prononcer la solidarité contre ceux qu'il condamne pour avoir exercé les voies de fait vis-à-vis du spolié. D'abord, si le fait donnant lieu à la réintégrande ne constitue pas un délit, nous repoussons l'application de cet article. Mais quand même il y aurait délit, il nous répugnerait d'admettre la décision de Pothier. Nous verrions dans l'application de cet article faite au possessoire un cumul du criminel et du civil: car l'article 55, placé dans le Code pénal, ne nous paraît nullement fait pour être étendu d'une juridiction à une autre.

La réintégrande civile doit être intentée dans l'année de l'usurpation. Si elle ne l'est pas dans ce délai, il restera, dans le cas d'un délit, la voie criminelle, pour obtenir seulement des dommages-intérêts; et ce dernier moyen devra être aussi employé dans le délai déterminé par l'article 538 du Code d'instruction criminelle. Au correctionnel, le fermier auteur des voies de fait ne peut rejeter la faute sur le bailleur; ce qu'il peut faire au possessoire, à moins qu'il ne soit établi qu'il n'a pas agi d'après ses ordres.

Enfin, les juges au correctionnel ne peuvent, comme cela arrivait sous l'ordonnance de 1667, ordonner la réintégration du spolié: car la loi n'a point rappelé cette disposition; mais il reste, après l'action criminelle, l'action civile, non pour demander des dommages-intérêts s'ils ont déjà été obtenus, mais la restitution de la possession, ou de la propriété, suivant le cas.

Nous ne reviendrons pas sur ce que nous avons dit dans le chapitre précédent au sujet de la récréance. Maintenant nous passons aux choses qui sont l'objet de la complainte.

CHAPITRE VII.

Des Choses qui peuvent être l'objet de la Complainte.

Chez les Romains, la revendication des meubles était admise, et, comme conséquence de ce principe, le préteur avait créé un interdit spécial aux choses mobilières. Dans l'ancien droit, en France, on se partagea sur le point de savoir si cette revendication serait admise. Mais on alla plus loin en matière de possession : on déclara que les meubles ne pourraient être l'objet d'actions possessoires. Or, d'après nos lois actuelles, la revendication en matière mobilière est abolie formellement. Comme conséquence de cette abolition et du silence de nos codes, il est naturel de regarder les meubles comme ne pouvant être soumis aux actions possessoires.

Nous avons, à ce sujet, signalé une exception qui a trait aux universalités de meubles; et dans notre chapitre V nous avons essayé de prouver qu'elle doit être faite encore aujourd'hui. Nous n'avons guère à ajouter aux raisons que nous avons déjà fait valoir. Nous remarquerons seulement que M. Belime trouve divinatoire le sens de cette phrase appliquée aux choses mobilières : *Sapiunt quid immobile*. Nous sommes surpris qu'un esprit aussi judicieux et éclairé ait pu s'arrêter à cette réflexion. Cette saveur immobilière sur laquelle il plaisante n'est pas aussi absurde qu'il veut le faire croire. En effet, les meubles considérés en particulier changent très-facilement de place; il n'en est pas de même des universalités de meubles, qui, sous ce rapport, se rapprochent des immeubles. En second lieu, quoi qu'en ait dit cet auteur, elles s'en rapprochent encore, puisque, comme eux, elles sont susceptibles d'être revendiquées, ce qui, dans l'ancien droit, n'était pas étendu, d'un commun accord, aux meubles pris isolément.

Les meubles devenus immeubles par destination peuvent, accessoirement à l'immeuble principal, former l'objet de la complainte; mais ils ne peuvent en faire l'objet directement et par eux-mêmes.

Quant aux actions de la banque de France, à celles des canaux d'Orléans et du Coing, qui sont immeubles par la fiction de la loi (voir décrets du 16 janvier 1808 et 16 mars 1810), elles ne peuvent donner naissance à la complainte; car la loi n'a entendu leur appliquer que les règles du code sur l'aliénation des biens immeubles, les priviléges et hypothèques.

La clause d'ameublissement, n'ayant pour effet et pour but que de modifier les pouvoirs du mari, laisse aux immeubles leur nature, et, comme tels, ils demeurent soumis à la possession et à la prescription.

Autrefois les rentes foncières, n'étant pas rachetables, étaient, comme immeubles, soumises à l'action possessoire. Il n'en est plus de même aujourd'hui. De même, les offices de notaire ou de magistrature ne sont plus réputés immeubles, depuis le Code civil.

Il reste maintenant à parler des immeubles corporels et des droits immobiliers qui peuvent être l'objet de la complainte. Nous allons nous occuper d'abord des choses qui sont du domaine public.

I.

Des Choses du Domaine public.

On sait que le domaine national se compose du domaine public et du domaine de l'Etat (voir la loi du 16 juin 1851 sur la constitution de la propriété en Algérie, articles 1er et suivants). Les biens qui composent le domaine de l'Etat appartiennent en propriété et en jouissance au corps moral formé par la nation : c'est son domaine privé. Le domaine public se compose de biens dont la propriété appartient au corps moral de la nation, et la jouissance ou l'usage au public. Les immeubles qui composent le domaine de l'Etat, sont en général soumis aux lois de la possession; mais il en est autrement de ceux qui font partie du domaine public. Il est donc important d'examiner, sous ce rapport, quels immeubles entrent dans ce domaine, et d'éviter toute confusion avec ceux qui entrent dans le domaine privé.

Dans cet examen nous rencontrons d'abord les routes impériales et départementales. Faut-il, parce que ces routes sont imprescriptibles, déclarer qu'elles ne peuvent être l'objet d'une action possessoire? Nous ne croyons pas que la possession ait pour but principal, unique, d'engendrer la prescription. Si les immeubles qui sont du domaine public ne sont point susceptibles d'être possédés par d'autres que la nation, cela tient à des considérations qu'il serait trop long d'énumérer ici. L'action possessoire, toutefois, est recevable pour faire déclarer simplement la possession d'un particulier sur un immeuble englobé dans une route. Cette déclaration rend sa position plus favorable, si on l'oblige à faire reconnaître sa propriété au pétitoire : car il conserve alors le rôle de défendeur. Ces déclarations de possession et de propriété ne peuvent arracher au domaine public une portion des routes valablement établies, mais faire obtenir à l'exproprié une indemnité.

Si l'administration se défend au possessoire, en soutenant que le terrain objet de la complainte rentre dans le domaine public par la fixation des limites, cette exception est préjudicielle. Enfin, si l'action était basée sur des faits postérieurs à l'incorporation de l'immeuble dans le domaine public, elle devrait être repoussée sans distinction.

Les tiers entre eux peuvent-ils se disputer au possessoire un immeuble qui dépend du domaine public ? La Cour de cassation décide l'affirmative (21 décembre 1842). Cette doctrine n'est pas la nôtre. Nous pensons que les actes de possession, en pareille matière, sont nuls *erga omnes*. L'immeuble doit être ici traité comme tout objet qui de sa nature n'est point susceptible de possession privée, ou que l'on détient en vertu d'une cause prohibée par les lois.

Il peut arriver que, dans la plantation des haies qui bordent les chemins de fer, les propriétaires des héritages voisins se plaignent qu'on n'ait pas observé la distance prescrite par l'article 671 du Code Napoléon. S'ils demandent qu'elles soient arrachées, nous ne croyons pas qu'ils puissent user de l'action possessoire ou confessoire, à cause de la séparation des pouvoirs administratif et judiciaire. Mais s'ils veulent seulement faire déclarer leurs propriétés libres de la servitude qu'on leur veut imposer, l'action possessoire est possible, afin qu'ils puissent réclamer une indemnité. Toutefois, si le cahier des charges de la Compagnie exige lui-même l'application de l'article cité, le conseil de préfecture est compétent pour en connaître.

Quant aux chemins vicinaux, nous renvoyons à ce qui précède. Si un chemin privé a été tout entier déclaré vicinal par le préfet, sous prétexte que la commune en avait la jouissance, un auteur pense que le possesseur de ce chemin peut contester à la commune la possession qui sert de motif à l'arrêté, et partant exercer l'action possessoire; et le Conseil d'Etat avec lui, 27 février 1862, est d'avis que l'exception tirée, en cette circonstance, de la possession ou de la propriété du plaignant, est préjudicielle. Cependant, il faut l'avouer, s'il s'agissait d'un jugement passé en force de chose jugée, il n'en serait pas comme de l'arrêté : la fausseté des motifs ne l'empêcherait pas de recevoir son exécution.

Quand il s'agit de chemins vicinaux, si les fossés y sont compris par l'arrêté administratif, l'action possessoire doit être repoussée.

Le déclassement d'un chemin le fait entrer dans le domaine privé. Ce déclassement peut avoir lieu même par un cas de force majeure.

Les chemins communaux et non déclarés vicinaux sont regardés par la Cour de cassation comme pouvant être possédés à titre privé.

Quand une commune se montre trop négligente à

poursuivre ceux qui portent atteinte à ses voies publiques, les habitants ont chacun la ressource que leur offre l'article 49 de la loi du 18 juillet 1837. Mais ils ne peuvent agir *proprio nomine*, c'est-à-dire sans en observer les formalités, à moins qu'ils n'aient un droit de servitude, comme celui qui résulte du fait d'enclave.

Les rues et places publiques ne peuvent tomber dans la possession des particuliers. S'il n'existe point d'alignement, le juge de paix consultera les titres pour se fixer sur l'étendue qu'elles peuvent avoir.

Les chapelles et églises accordées par l'autorité publique pour la célébration du culte, ne sont pas susceptibles d'une possession à titre privé. Il n'en est pas de même des autres, quoique consacrées au culte par l'Église.

Si l'on conteste devant le juge du possessoire que l'objet du litige fasse partie du domaine public, dans le doute, il devra se prononcer en faveur de la possession. Mais cette incertitude n'aura pas lieu d'être, si les parties sont d'accord sur la nature de l'immeuble, s'il existe un plan d'alignement qui le comprenne, un arrêté préfectoral qui le classe dans un chemin vicinal. On peut encore citer d'autres exemples.

Ajoutons que tout ce qui est partie accessoire d'une route ou d'un chemin public en prend la nature, tels que fossés, ouvrages d'art, etc.

Les rivières navigables et flottables font partie du domaine public. La Cour de cassation est d'avis que les particuliers peuvent entre eux agir au possessoire pour des entreprises sur ces cours d'eau, quoique non autorisés. Nous hésitons à admettre cette doctrine : presque toujours de pareilles entreprises seront délictueuses, et ces cours d'eau sont placés hors du commerce à l'égard de tous.

Quant à ceux dont les entreprises sont autorisées par l'administration, tels que les maîtres d'usines et de moulins, ils ne sont point garantis contre les empiètements des voisins : aussi les uns et les autres peuvent user de l'action possessoire entre eux. Nous devons revenir sur ce sujet.

Nous pourrions nous étendre bien davantage sur les immeubles qui dépendent du domaine public ; mais cette matière nous entraînerait beaucoup trop loin. Nous avons, parmi ces biens, choisi ceux qui peuvent donner naissance le plus fréquemment aux actions possessoires. Nous allons maintenant nous occuper des cours d'eau considérés en dehors du domaine public.

II.

Des Cours d'eau en général.

Les rivières non navigables ni flottables ne font point partie du domaine public. En vertu d'une induction tirée de l'article 563, on refuse aux riverains la propriété des lits de ces rivières, pour l'attribuer naturellement à l'État. Les riverains n'ont d'actions contre les particuliers qui font quelque entreprise sur ces immeubles, qu'autant que leurs propriétés adjacentes en éprouvent un préjudice.

On s'accorde généralement pour dire que les lits des simples ruisseaux appartiennent aux riverains. Mais comment les distinguera-t-on des rivières? On répond : *Flumen a rivo existimatione separatur.*

La loi du 25 mai 1838 rend le juge de paix compétent sur toute action possessoire qui a rapport aux irrigations. S'agit-il d'une source qui naît dans notre domaine, nous avons sur elle un droit absolu, à moins que nous ne laissions acquérir aux tiers la possession du ruisseau au moyen d'ouvrages apparents, ou que nous ne nous trouvions dans les circonstances prévues par l'article 643 du Code civil, qui ne nous laisse que le droit à une indemnité. S'agit-il d'une eau qui traverse notre héritage, nous avons un droit absolu sur elle, sous la condition de la rendre, à la sortie du fonds, à son cours naturel. Ce sont les propriétaires inférieurs qui peuvent se prévaloir de cette condition. S'agit-il, enfin, d'une eau qui borde simplement notre propriété, nous n'avons que le droit de nous en servir à son passage pour l'irrigation de celle-ci : ainsi, nous ne pouvons en modifier le cours, ni attirer l'eau en totalité ; en d'autres termes, nous devons respecter le droit des coriverains, et rendre l'eau détournée à son cours, dans l'intérêt des riverains inférieurs.

Ce simple aperçu nous fait voir combien de circonstances peuvent donner naissance à l'action possessoire. Mais il est bon de rappeler ici deux lois postérieures à celle du 25 mai 1838 : ce sont celle du 29 avril 1845 et celle du 11 juillet 1847. Notre dessein n'est pas d'entrer dans l'analyse de ces lois, qui nous entraînerait trop loin; mais, comme, dans l'intérêt de l'agriculture, elles font aux possesseurs des sources et aux riverains des concessions qui sortent du droit ordinaire, il est bon de remarquer que l'action possessoire est toujours recevable contre ceux qui veulent en user sans remplir les formalités exigées par ces lois, et que les droits qui leur sont accordés, les laissent soumis aux règles communes pour en conserver la possession.

Lorsqu'une usine ou un moulin n'existe point légalement, son existence, constituant un délit, ne peut fonder aucune possession. Si l'usine existe légalement, son propriétaire doit se conformer aux limites résultant de la concession qui lui a été faite ; mais on peut, nous l'avons dit plus haut, acquérir la possession contre lui. Les particuliers qui croient avoir à se plaindre des ouvrages faits sans autorisation sur des cours d'eau qui sont du domaine public, ne peuvent, au possessoire, obtenir que des dommages-intérêts, et non la destruction des ouvrages, parce que ces cours d'eau sont spécialement sous la surveillance des corps administratifs. Mais les conseils de préfecture sont incompétents pour adjuger les dommages-intérêts (C. Dijon, 2 décembre 1826).

Toutefois, s'il s'agit de travaux faits sur un cours d'eau qui ne rentre point dans le domaine public, nous ne trouvons aucun texte ni aucune raison solide pour empêcher le juge du possessoire d'en ordonner la destruction, même s'ils ont été autorisés, alors qu'ils lèsent la propriété ou les autres droits réels des particuliers.

Enfin, les particuliers peuvent se plaindre des inondations occasionnées par les usines ou moulins même autorisés. Si ces inondations se reproduisent d'une manière continue et régulière, nous y voyons une servitude continue et apparente susceptible d'être acquise par prescription.

III.

Des Choses Imprescriptibles.

Les immeubles qui, faisant partie du domaine de l'Etat, sont consacrés à la dotation de la couronne, sont déclarés inaliénables et imprescriptibles. On a conclu que la possession n'en peut être acquise; car on pense qu'elle est sans utilité là où la prescription ne peut avoir lieu. Nous croyons qu'elle est encore utile en faisant gagner les fruits au possesseur de bonne foi, en donnant au possesseur le rôle de défendeur au pétitoire. Nous lui reconnaissons ici encore un but, celui de punir le propriétaire négligent. Nous considérons donc les immeubles qui composent la dotation de la couronne, comme pouvant tomber dans la possession des tiers. Notre opinion est d'autant moins surprenante, que nous admettons avec difficulté qu'on aille chercher les caractères de la prescription pour les adapter d'une manière intégrale à la possession.

Nous croyons également susceptibles de possession les biens des majorats (voir l'article 11 de la loi du 4 mai 1809), pour les immeubles dotaux, pour ceux des mineurs et des interdits, bien que les longues prescriptions ne courent pas contre ces incapables.

IV.

Des Servitudes.

Voici le raisonnement qu'on fait en parlant des servitudes : Les servitudes continues et apparentes peuvent être acquises par prescription : donc elles peuvent aussi être les objets de l'action possessoire. En effet, pour pouvoir prescrire, il faut posséder. On continue : Les servitudes qui ne réunissent point ces deux caractères, ne peuvent être acquises par prescription : donc elles ne peuvent être sujettes au droit de possession fondé simplement sur la possession annale. Ce dernier point ne nous paraît pas aussi clair.

Nous demanderons aux personnes qui font ce raisonnement, si elles sont d'avis que les immeubles composant en partie la dotation de la couronne ne peuvent être des objets de l'action possessoire; si elles pensent que les immeubles dotaux, ceux des mineurs et des interdits, ne sont point susceptibles de tomber entre les mains des tiers seulement quant à la possession. En admettant que sur toutes ces questions elles répondent sans se mettre en contradiction avec elles-mêmes, nous leur rappellerons qu'à nos yeux la possession des immeubles imprescriptibles, les considérations tirées de l'ordre public étant écartées, n'est pas sans une utilité et un but raisonnables.

Si, devant l'obscurité des textes, ou, ce qui revient à peu près au même, devant le silence du législateur, on se reporte à l'ancien droit pour compléter sa pensée, nous croyons reconnaître que les servitudes qui ne sont pas continues et apparentes ne peuvent nous être garanties par les actions possessoires, si nous n'en avons que la possession annale. L'article 215 de la coutume d'Orléans, qui refuse la saisine à celui qui n'a titre valable, nous confirme dans cette appréciation. Cette considération, jointe à l'accord unanime des auteurs et de la jurisprudence sur l'interprétation du Code, nous fait admettre la même décision tout en rejetant leurs motifs.

Aussi l'article 691 du Code Napoléon, en décidant que les servitudes non continues ni apparentes ne s'établissent que par titres, doit s'interpréter avec les restrictions de l'ancien droit. Nous pensons que la prescription peut faire acquérir ces servitudes, quand elle est basée sur un titre même provenant d'une personne autre que le propriétaire du fonds assujetti: voyez à ce sujet Pothier, de Ferrière, et les coutumes de Paris et d'Orléans. Dominé toujours par cette idée, que l'ancien droit doit nous éclairer ici sur le nôtre, nous sommes encore persuadé que la contradiction faite ouvertement aux prétentions du propriétaire du fonds qu'on veut asservir, peut faire courir la prescription acquisitive en cette matière, et qu'elle nous offre un titre dans le sens attaché à ce mot par l'article 691. L'idée de titre ou de cause d'acquisition ne doit être écartée que lorsqu'on peut attribuer les actes de servitude à un esprit de tolérance et de bon voisinage. Voyez, à cet égard, ce qu'enseigne M. Proudhon. Tout ce que nous venons de dire de la prescription, doit s'entendre *a fortiori* de la possession qui lui sert de base.

Quant au motif qui empêche les servitudes non continues et apparentes d'être soumises à la possession annale, c'est, comme on l'a dit, l'esprit de tolérance et de bon voisinage qui doit exister entre les voisins.

Le titre qui sert de fondement à la prescription acquisitive et par conséquent à la possession, peut émaner de toute personne autre que le propriétaire du fonds dominant et que ses auteurs, excepté toutefois le cas où il y a destination du père de famille, suivant l'article 692, C. civ. Si l'on applique l'article 2229 à la possession, il faut de plus, pour empêcher qu'elle soit équivoque à cause de l'esprit de tolérance qu'on suppose, que le propriétaire du fonds asservi connaisse les prétentions de celui qui veut acquérir la servitude. Ajoutons que le titre le plus incontestable pour fonder la possession est celui qu'on trouve dans la loi: tel est celui du propriétaire dont le fonds est enclavé. L'article 691 du Code civil excepte de la règle prohibitive qu'il pose d'abord, les servitudes discontinues déjà acquises par une possession immémoriale avant la promulgation du Code civil, dans les pays où cela était toléré. Enfin, l'article 694 déclare que la servitude discontinue et apparente qui existait soit sur le fonds aliéné, soit en sa faveur, si le vendeur, sans s'expliquer à son sujet, conserve l'autre fonds qui la doit ou qui en profite, continue d'exister.

Une servitude négative non apparente ne peut donner lieu à la complainte, puisqu'elle n'est pas apparente. Il en serait autrement, suivant nous, s'il y avait un titre à l'appui (Cassat., 15 février 1841). Nous ne voyons pas, en effet, pourquoi les actes de jouissance qui servent à fonder la possession, ne résulteraient pas de faits négatifs; et, à nos yeux, on ne peut taxer cette possession de clandestinité, puisque le titre sur lequel elle s'appuie est connu des deux parties.

Lorsqu'on exhibe un titre qui met à la charge du propriétaire du fonds asservi les travaux nécessaires à l'exercice d'une servitude, et qu'on justifie d'une possession conforme, on peut agir en complainte, quand le maître de l'héritage asservi refuse de continuer ces travaux: car l'obligation de les faire découle d'une charge réelle, c'est-à-dire attachée à cet héritage même.

Les droits de chasse et de pêche sont des droits personnels, et par conséquent ne sont point soumis à l'action possessoire d'une manière directe: ils n'en subissent les conséquences que quand elle porte sur la possession de l'immeuble même où l'on exerce ces droits.

Lorsqu'on exerce un droit de vive pâture, nous y voyons une servitude discontinue, et nous en appliquons les règles. Nous voyons également une servitude discontinue dans la vaine pâture: c'est une charge au profit de ceux qui ont des propriétés dans la commune, et elle suit les fonds asservis, dans quelques mains qu'ils passent. Le titre qui fonde cette espèce de servitude se trouve, selon nous, dans la loi. Le Code civil en parle au titre des servitudes, et l'article 648 offre au propriétaire le moyen de s'y soustraire. Voyez aussi Déc. 6 octobre 1791, sect. IV.

Quant aux servitudes apparentes, nous nous contenterons de rappeler que le législateur ne leur reconnaît point ce caractère s'il n'y a point d'ouvrages apparents. Ainsi, un simple dépôt de fumier n'est pas un ouvrage apparent aux termes de l'article 689. Enfin, des faits qui ne peuvent servir à fonder la possession en matière de servitudes, le peuvent quelquefois lorsqu'on réclame l'immeuble lui-même.

CHAPITRE VIII.

Quelles personnes peuvent intenter l'Action possessoire.

La capacité pour intenter l'action possessoire est personnelle ou réelle, suivant qu'on envisage la personne elle-même ou la nature du droit à soutenir.

I.

De la Capacité personnelle.

L'article 1988 du Code civil porte que le mandat conçu en termes généraux n'embrasse que les actes d'administration, mais que, pour les actes de propriété, il faut un mandat exprès. Or, disent les auteurs, intenter une action possessoire n'est pas un acte de propriété : donc il y faut voir un acte d'administration. On pourrait objecter que la possession est un démembrement de propriété; qu'elle établit même une présomption de propriété; qu'en conséquence intenter une action possessoire, c'est compromettre sur un droit réel immobilier. On pourrait se prévaloir de l'article 1428, qui, après avoir accordé au mari l'administration des biens personnels à la femme et l'exercice de ses actions mobilières, sous le régime de la communauté, ajoute à ses pouvoirs, comme s'il n'avait pas assez dit, le droit d'exercer les actions possessoires. On pourrait répondre à ceux qui invoquent l'article 55 de la loi du 18 juillet 1837, que, s'il accorde aux maires la faculté d'exercer l'action possessoire sans autorisation préalable, on doit l'expliquer par des motifs d'urgence plutôt que par la nature de l'action possessoire. Ainsi, bien que le maire puisse intenter une action immobilière au pétitoire sans autorisation préalable, lorsqu'il ne peut interrompre autrement une prescription sur le point de s'accomplir, on ne va pas dire que cet acte est un acte d'administration.

Malgré ces raisons, on demeure convaincu que l'exercice de l'action possessoire est un acte d'administration; et, pour s'appuyer de l'ancien droit, on a l'autorité de Pothier. Nous avouons que, si les principes ne justifient pas trop ce système, l'urgence qui caractérise les actions possessoires tend à le faire admettre. Voici les conséquences qu'on en tire.

Le mandataire général peut exercer les actions possessoires. On lui assimile le tuteur, en vertu de l'article 450 du Code Napoléon, bien que l'article 464 résiste, suivant nous, à cette assimilation. Même solution et même remarque en ce qui concerne le mineur émancipé (voyez articles 472, 481 et 482. Quant aux prodigues, l'article 513 permet qu'on les prive de la faculté de plaider, en leur donnant un conseil judiciaire.

On conclut aussi que la femme séparée de corps ou de biens peut, quand elle est autorisée, agir au possessoire; que sous le régime dotal, elle a le même pouvoir au sujet des paraphernaux.

En ce qui touche les biens de l'absent pendant la présomption d'absence, on pense que la complainte sera exercée par l'administrateur nommé par le tribunal; dans les autres périodes, par les envoyés en possession.

On décide également que, dans une société civile, s'il n'a pas été désigné de gérant pour l'administration, tous les associés, étant administrateurs (art. 1859 C. civ.), peuvent agir au possessoire; que dans les sociétés commerciales en nom collectif et en commandite, ce pouvoir est donné aux associés en nom dans la raison sociale, si l'un d'eux n'est pas désigné administrateur; que dans la société anonyme cela revient au gérant, et dans les associations en participation à tous les associés, comme dans les sociétés civiles.

En cas de faillite, les syndics auront le droit d'agir au possessoire, et le juge pourra recevoir le failli partie intervenante.

Jusqu'à l'expropriation, le saisi conserve l'exercice de l'action possessoire.

On décide encore que l'habile à succéder peut intenter la complainte sans devenir héritier, s'il n'en prend pas la qualité dans la citation ou dans le cours de l'instance. On fait une obligation de l'exercer à l'héritier bénéficiaire et au curateur d'une succession vacante. Ajoutez que les successeurs irréguliers, les légataires particuliers et à titre universel, et les légataires universels en concours avec des héritiers à réserve, ont besoin, pour avoir la possession légale et par conséquent l'exercice de la complainte, d'obtenir la délivrance.

L'article 55 de la loi du 18 juillet 1837 porte : « Le

« maire peut toutefois, sans autorisation préalable, in-
« tenter toute action possessoire ou y défendre. »

L'instance commencée, le maire doit faire délibérer le conseil municipal, s'il ne l'a déjà fait. On décide généralement que l'autorisation ultérieure du conseil de préfecture n'est pas nécessaire, à cause du caractère urgent des actions possessoires, d'autant plus que la loi, les énumérant d'une manière spéciale, en parlant des actes conservatoires, a eu sans doute un but, qui ne peut être que la dispense totale d'autorisation. Ce qui précède doit s'entendre *a fortiori* du cas où le maire est défendeur à une action possessoire; car la défense est plus favorisée que l'attaque. Il suit de là que celui qui agit au possessoire contre une commune, n'est pas astreint à présenter un mémoire au Préfet.

La dispense d'autorisation en matière de possession est-elle accordée à la commune que représente le maire pour le cas d'appel? Trois solutions ont été données. Nous rappellerons d'abord celle qui nous paraît être la mieux fondée. L'article 55 ne parle que du premier degré de juridiction, tandis que l'article 49 de la même loi prend soin de s'expliquer sur les autres. Les motifs d'urgence ne reparaissant plus autant pour l'appel, et le premier jugement formant une sorte de présomption, on décide la négative. D'ailleurs, les frais sur l'appel sont plus considérables. Le ministre de l'intérieur et la Cour de cassation, au contraire, n'admettent la nécessité de l'autorisation que pour le pourvoi en cassation.

Tout ce que nous venons de dire des communes est applicable aux sections de commune.

La dispense d'autorisation accordée à la commune pour agir au possessoire, ne doit pas être étendue au contribuable qui agit pour elle en vertu de l'article 49, § 3. La loi ne le dit nulle part, et avec raison : car souvent ce contribuable peut mériter peu de confiance.

II.

De la Capacité réelle.

Nous dirons que l'action possessoire peut avoir lieu toutes les fois qu'il s'agit de protéger un droit réel immobilier. Ainsi, elle sert à toute personne qui défend un droit de propriété ou l'un de ses démembrements.

Parmi ces derniers, nous trouvons l'usufruit, droit que son possesseur peut défendre contre le nu-propriétaire même ou contre les tiers. On décide que si l'usufruitier gagne au possessoire contre ces derniers, le jugement qu'il obtient profite au nu-propriétaire, à l'égard duquel il est responsable des usurpations. S'il perd, mais que le nu-propriétaire gagne contre celui qui a d'abord triomphé, l'usufruitier conserve son usufruit à l'égard du propriétaire, et partant à l'égard des tiers. Nous croyons ces deux décisions trop exclusives. Il nous semble, en effet, qu'il importe de distinguer si l'usufruitier n'a entendu agir que pour son droit d'usufruit seul ou non, si le propriétaire n'a agi que pour la nue propriété seule ou non.

Plusieurs cousufruitiers peuvent convenir d'un mode

de jouissance. Celui d'entre eux qui ne suit pas les conventions s'attaque au mode convenu, mais non au droit lui-même. L'action possessoire n'est donc point recevable.

Appliquez toutes ces règles au droit d'usage établi par les articles 625 et suivants du Code civil.

Lorsqu'il s'agit des bois soumis au régime forestier, l'action possessoire appartient-elle aux usagers? On décide l'affirmative dans le cas de l'article 68 du Code forestier, c'est-à-dire quand il s'agit de fixer l'étendue du droit d'usage, et non de la déclaration portant sur la défensabilité de la forêt. Cette distinction nous paraît devoir être étendue à tous les cas analogues. Jamais le juge du possessoire ne peut, même incidemment, connaître de la possibilité des forêts.

Peut-on acquérir par prescription et sans titre le droit d'usage dans les forêts? La négative résulte de l'article 61 du Code forestier pour les bois de l'Etat. Faut-il en dire autant de l'acquisition du droit de posséder par la possession annale? Sans aucun doute. Il suffit de lire l'article 61 pour s'en convaincre. Cet article, en effet, est absolu dans ses termes. Mais en dehors de l'hypothèse qu'il prévoit, nous croyons l'affirmative admissible. Le droit d'usage est alors susceptible d'être possédé comme l'usufruit : car, selon nous, ce droit constitue plutôt une servitude personnelle qu'une servitude prédiale soumise à l'article 691 du Code civil. Cette opinion est conforme à l'ancien droit, à la nature de l'usage dans les forêts, qui n'a pas pour but principal l'utilité d'un fonds; et la place occupée par l'article 636 dans le Code civil semble nous donner raison.

Le superficiaire a droit à l'action possessoire.

L'opinion générale est que le droit de l'emphytéote, étant réel immobilier, peut être l'objet de l'action possessoire. Il en était ainsi dans l'ancien droit : c'est la meilleure raison qu'on puisse apporter à l'appui.

Quoi qu'en aient dit de savants auteurs, nous ne voyons pas dans le droit du fermier un droit réel immobilier. Ce n'est point un droit réel, puisque, suivant l'article 1719, le fermier n'est pas en rapport direct avec la chose, mais qu'il a pour obligé directement le bailleur, qui doit le faire jouir paisiblement du fonds affermé. Rien de semblable ne se passe entre l'usufruitier et le nu-propriétaire. Enfin, le droit du fermier n'est pas immobilier, car il n'aboutit qu'à percevoir des fruits.

Tout détenteur précaire n'a point droit à l'action possessoire. Le fermier peut user du droit que lui donne l'article 1166.

Le rétentionnaire a droit aux actions possessoires (articles 867 et 1673) ; car, jusqu'au remboursement, il est considéré comme propriétaire. D'ailleurs, comment dire (voir les articles cités) qu'il retient la possession, si on lui refuse les actions possessoires ?

Jusqu'au jour de la délivrance, le vendeur peut exercer l'action possessoire. En effet, s'il n'a plus le droit de possession, il en a l'exercice, puisqu'il en est responsable vis-à-vis de l'acheteur.

CHAPITRE IX.

Des Troubles possessoires et de l'Annalité.

I.

Des Troubles possessoires.

Nous appelons trouble possessoire tout acte qui emporte prétention à la propriété ou à l'un de ses démembrements. Si cette prétention n'existe pas et qu'un acte nous porte préjudice, nous aurons une action, en vertu de l'article 1383 du Code civil, pour en obtenir la réparation.

Pour qu'il y ait trouble possessoire, il importe peu que les faits dont nous nous plaignons puissent nous faire perdre le droit de possession ou non. La prétention qui caractérise le trouble possessoire, se révèle suffisamment quand son auteur répond à la demande en se déclarant possesseur. Nous croyons, avec la Cour de cassation, que l'on doit prendre pour trouble possessoire tout acte qui porte atteinte à la possession d'autrui; mais nous pensons aussi que la déclaration du défendeur peut faire tomber cette présomption. Le demandeur ne peut deviner l'intention de celui-ci : aussi sommes-nous d'avis que le juge du possessoire doit renvoyer, pour décider sur qui retomberont les frais de la citation, au juge devant qui le plaignant portera sa nouvelle action.

On distingue, en matière de possession, le trouble de fait du trouble de droit. Le premier consiste dans tout acte matériel, toute entreprise qui atteint, tant au point de vue du fait que du droit de possession, celui qui est troublé. Il n'est pas indispensable que l'acte qui occasionne le trouble ait été commis sur l'héritage du plaignant, ni que le préjudice existe au moment de l'action intentée, pourvu que l'acte qui doit en être la source soit déjà commis.

Si le locataire s'oppose aux réparations, ou veut rester dans la maison après l'expiration du bail, il y aura lieu à l'action possessoire, s'il conteste au locateur son droit de possession. Même distinction pour le fermier et l'usufruitier.

Le trouble de droit est celui qui atteint seulement le droit de possession. Il résulte d'une action en justice, d'une sommation, et de bien d'autres actes extrajudiciaires. Faut-il aller jusqu'à dire que si un tiers, se déclarant propriétaire de ma maison, signifie au locataire ou lui fait sommation de ne pas payer entre mes mains, il y aura trouble de droit? Oui, si le locataire m'oppose les prétentions de cet individu; non, s'il n'en tient pas compte: *hic est res inter alios acta.* Il en serait autrement s'il saisissait les meubles du locataire; car mon privilége de locateur est étroitement lié à ma qualité de propriétaire.

De même, la vente faite entre des tiers de l'immeuble que je possède ne m'atteint pas directement et ne nuit pas à mon droit; c'est *res inter alios acta.* En quelques mots, chacun peut se prétendre impunément possesseur de l'immeuble que je possède, pourvu que ni lui ni ses ayants cause ne m'opposent cette prétention. Si mon crédit en souffre, j'ai une action autre que l'action possessoire.

Nous devons dire que ces distinctions ne sont pas généralement adoptées.

Si deux personnes se disputent le domaine d'un tiers devant les tribunaux, celui-ci peut intervenir, et, si sa possession lui est contestée, il peut intenter la complainte; si elle lui est reconnue, les frais de l'intervention ne peuvent être à sa charge. Il a ici un intérêt réel à intervenir, celui d'éviter l'emploi de la tierce opposition, pour empêcher l'exécution du jugement à venir.

Quant à l'exécution du jugement rendu à l'égard de notre immeuble entre deux personnes, si l'on nous oppose que nous avons été partie au procès, nous avons, pour faire tomber cette allégation, tantôt la tierce opposition, tantôt l'exception de la chose jugée, suivant les cas. Le juge de paix ne peut, en effet, réformer indirectement les jugements de juridictions supérieures. Mais si on ne nous oppose point que nous avons paru au procès, la complainte est admissible (Cass., 7 février 1849).

Les actes de l'autorité publique ne peuvent jamais servir de fondement à l'action possessoire : s'il y a eu erreur, ce n'est qu'aux autorités administratives qu'il convient de s'adresser pour obtenir la restitution du terrain enlevé; mais s'il s'agit de fixer le droit à l'indemnité après la dépossession, on doit faire exception à la règle précédente : voir ce que nous avons dit plus haut.

Toutefois, si un individu revêtu de fonctions administratives n'agit plus comme représentant l'autorité publique, mais comme gérant d'affaires d'une personne morale, telle qu'un maire au nom de sa commune, l'action possessoire, s'il y a trouble, peut être reçue.

II.

De l'Annalité de la Possession et de l'Action.

Il faut avoir possédé une année par soi ou par les siens, afin d'avoir le droit de possession et par conséquent l'action possessoire. Nous croyons que cette condition est exigible, soit pour agir contre le propriétaire ou un ancien possesseur annal, soit contre toute autre personne. La loi, en effet, ne fait point de distinction, et l'ancien droit même ne nous paraît en consacrer aucune d'une manière nette et positive. Nous devons ajouter que par l'accession des possessions, matière que nous avons déjà développée, l'acquéreur, qui n'a pas eu le temps de posséder lui-même une année, peut avoir l'action possessoire, c'est-à-dire le droit de possession.

Autrefois on exigeait que la possession eût duré an et jour. Aujourd'hui, il suffit que l'année soit complète.

L'annalité n'est point nécessaire aux choses qui, par leur nature, sont l'accessoire d'une autre (voir l'alluvion, etc.).

Les actes de possession aux deux époques extrêmes font présumer la possession dans l'intervalle. Bien plus, *olim possessor, hodie possessor præsumitur,* à moins qu'il ne s'agisse des servitudes discontinues, dont la possession ne se garde point *solo animo,* mais par l'usage.

Nous passons maintenant à l'annalité de l'action. L'action possessoire doit être intentée dans l'année du trouble. Que l'auteur de celui-ci puisse ou non acquérir la possession à partir du premier acte qu'on lui reproche, la décision reste la même. Il faut, en effet, que le souvenir des faits sur lesquels on veut appuyer son droit à la possession ne soit pas évoqué trop longtemps après ceux-ci. D'ailleurs, s'il y a plus d'un an que l'auteur du trouble a abandonné son entreprise, la possession ne peut plus être disputée et l'action possessoire être reçue.

Pour compter l'année à partir du trouble, on n'y comprend point le *dies a quo,* mais le *dies ad quem* y est compté.

Ce délai, n'emportant qu'une déchéance, et non une prescription, court contre les incapables, ainsi qu'on l'enseignait dans l'ancien droit.

L'année utile court, bien que le propriétaire ignore le trouble. Toutefois, en appliquant l'article 2229 à la possession, on devra dire que l'auteur du trouble ne peut se prévaloir de l'inaction du propriétaire, s'il y a clandestinité : autrement, le possesseur clandestin arriverait indirectement à retenir la possession et à acquérir un droit, et l'application de l'article 2229 deviendrait illusoire.

Nous ne reviendrons pas sur ce que nous avons dit des obligations du fermier et des troubles de droit.

Si le trouble provient d'une suite de faits dont la connexité soit étroite, l'année utile court du commencement du trouble. Le législateur, en effet, veut éviter que le possesseur véritable ait intérêt à causer un préjudice trop grave à l'auteur des travaux, lorsque ceux-ci peuvent durer longtemps, ou plus d'une année.

Si les faits sont bien distincts, chacun d'eux fait naître l'action possessoire avec un délai spécial. Enfin, s'ils sont tous nécessaires pour que le trouble existe, l'année utile court à partir du dernier; ou bien, s'ils n'occasionnent pas le préjudice immédiatement et ne l'annoncent pas suffisamment par la présence des travaux, on enseigne que l'année utile court à partir du préjudice causé, comme si le trouble ne commençait qu'alors. Cette dernière opinion, que recommande l'équité, nous paraît contestable dans notre droit, puisqu'il ne s'agit pas même ici d'un fait clandestin. On peut dire cependant que, le préjudice à prévoir devant résulter d'un cas fortuit et souvent imprévu, le plaignant ne peut agir qu'à partir du dommage causé, parce qu'auparavant son action ne peut guère être admise.

CHAPITRE X.

Comment s'instruit l'Action possessoire.

Le juge compétent est le juge de la situation de l'objet litigieux. Si l'immeuble est partie sur un canton et partie sur un autre, deux juges sont compétents. Les parties peuvent ici user de la ressource offerte par l'article 7 du Code de procédure. Si le trouble résulte de travaux exécutés dans un canton autre que celui de la situation de l'immeuble qui en souffre, comme un seul juge doit décider pour éviter un conflit, la Cour de cassation veut que le juge soit saisi au choix des parties (25 juin 1844). Pour nous, nous croyons que la pensée du législateur, en parlant de l'objet litigieux, ne s'est portée naturellement que sur l'immeuble objet du trouble; il n'a eu en vue que ce qui arrive le plus souvent, *quod plerumque fit.*

C'est par une citation ordinaire qu'on ouvre le débat. Par une interprétation tirée de l'article 1727 du Code civil, on est d'accord que l'action peut être dirigée contre l'auteur du trouble, quel qu'il soit, sauf à lui à appeler en garantie celui au nom duquel il a pu agir, et à se faire mettre hors de cause, s'il justifie qu'il a agi pour un autre. On veut par là que celui qui est troublé puisse toujours interrompre la possession, en s'attaquant à l'auteur du trouble, lorsqu'il ignore au nom de qui celui-ci s'en est rendu coupable. Si celui qui a fait commettre le trouble n'a pas été appelé en garantie, il peut se pourvoir contre le jugement par la tierce opposition.

Nous n'avons pas besoin de dire que l'usufruitier ne peut compromettre les droits du nu-propriétaire; mais il peut les conserver.

Lorsqu'un immeuble est indivis, si l'un des copropriétaires triomphe, le jugement profite à tous; s'il perd, les autres peuvent le faire tomber par la tierce opposition, et, dans ce cas, le perdant lui-même profite de la rétractation. Pour expliquer ces décisions, il faut se souvenir que le copropriétaire n'a pas reçu un mandat tacite des autres, mais qu'il peut améliorer leur position. Enfin, l'état d'indivision où ils se trouvent, exige que leur position soit pareille au possessoire et au pétitoire.

Si le demandeur se prévaut d'une possession qui aurait commencé avant la vente, l'acheteur attaqué peut appeler le vendeur en garantie. Mais si la possession a duré une année après la vente, l'acheteur ne le peut plus.

C'est au demandeur de prouver le trouble et sa possession annale; au défendeur, de prouver le contraire. Leurs allégations peuvent être établies par titres, témoignages et présomptions (art. 1353). Par titres ici il faut seulement entendre ceux qui établissent directement les faits de possession.

Si les titres invoqués n'émanent pas de la partie adverse, le juge doit les admettre avec beaucoup de réserve. Ce sont les titres qui tendent à montrer le dernier possesseur annal, qu'il faut préférer, et non pas toujours les plus anciens. Mais si les premiers n'établissent pas une possession annale, nous pensons que la partie qui a intérêt à les repousser peut invoquer utilement les titres antérieurs pour établir sa possession.

La preuve testimoniale ne doit jamais porter sur le fond du droit. L'enquête est facultative pour le juge: l'article 24 du Code de procédure, en effet, n'est pas conçu dans des termes impératifs. Il peut, si le défendeur fait défaut, la prescrire encore (art. 150 du Code de procédure). Le juge précise suffisamment l'objet de l'enquête en déclarant que les témoins seront entendus sur la possession annale. Il peut l'ordonner d'office: l'article 24 soutient cette interprétation. Le plus souvent elle aura lieu sur le terrain litigieux, si la vue de celui-ci peut éclairer le juge (art. 38 Pr. civ.). L'article 39, relatif au procès-verbal d'audition des témoins, est applicable ici, puisque les actions possessoires sont sujettes à appel (art. 6 loi du 25 mai 1838). Il n'est rien alloué au juge, si l'une des parties n'a pas réclamé la descente sur les lieux contentieux (art. 8 du tarif).

Si une instance possessoire concerne une commune, les habitants peuvent être reçus comme témoins : car souvent il n'y en a point d'autres (Cass., 30 mars 1836).

Le fermier qui a cessé de l'être, peut être entendu dans la cause du bailleur: car il n'y trouve plus son intérêt, et l'article 283 Pr. civ. n'en fait pas mention.

Quoique l'article 2234 du Code civil, par la place qu'il occupe, semble n'avoir trait qu'à la preuve de la prescription, on doit dire encore, en matière de possession: *Probatis extremis, medium præsumitur*. Nous avons même dit, avec l'assentiment de presque tous les auteurs : *Olim possessor, hodie possessor præsumitur;* mais nous avons excepté de cette règle les servitudes qui se perdent par le non-usage. Ces servitudes sont-elles soumises à la règle de l'article 2234 ? Pour la négative, on peut dire que cet article, étant placé sous le titre de la prescription, n'a trait qu'à la preuve de cette dernière; qu'ainsi il ne doit s'entendre que des personnes dont la possession annale est déjà établie; car, pour agir au pétitoire, celle-ci doit l'être au moins par le silence de la partie adverse. Malgré ces raisons spécieuses, l'affirmative nous paraît mieux fondée: car l'article 2234 est conçu dans des termes qui ne laissent point de place aux distinctions.

La possession actuelle ne prouve pas la possession antérieure.

La possession s'établit encore par l'aveu de la partie et par le serment. Le serment décisoire lie le juge; il n'en est pas de même du serment supplétoire.

Le jugement doit être rendu au plus tard à la première audience qui suit l'enquête. Ceci est un conseil donné au juge; mais si le retard se prolongeait trop, on pourrait, suivant les circonstances, y voir un déni de justice.

Dans les motifs, il faut déclarer que la partie qui obtient la maintenue, avait la possession annale. Pour l'exprimer, il n'est point d'expressions obligatoires. Quant à la défense de troubler à l'avenir le gagnant dans la possession de l'immeuble, elle est illusoire, et la partie condamnée peut parfaitement recommencer une possession à titre non précaire. Le jugement doit obliger le perdant à la restitution des fruits perçus et au payement des dommages-intérêts s'il y a lieu. Tout cela doit s'entendre *deductis impensis* : car nul ne doit s'enrichir aux dépens d'autrui. Nous ne reviendrons pas sur les explications données au sujet de l'article 555 du Code civil.

Nous pensons qu'il convient de terminer ce chapitre par ce qui concerne l'influence du possessoire sur le pétitoire.

Le défendeur au possessoire ne pourra se pourvoir au pétitoire qu'après que l'instance sur le possessoire aura été terminée (art. 27 Pr. civ.).

Le vainqueur au possessoire, étant présumé propriétaire, n'a point le fardeau de la preuve au pétitoire. Le défendeur est donc obligé d'attendre que les rôles des parties pour le pétitoire se trouvent fixés par la décision rendue au possessoire. Le demandeur le serait également si, devant le juge de paix, la partie adverse avait pris des conclusions reconventionnelles. Si l'assignation a été donnée trop tôt pour plaider au pétitoire, elle n'est point nulle, et par conséquent elle interrompt la prescription.

Le défendeur qui succombe, doit même satisfaire aux condamnations prononcées, s'il veut engager le procès au pétitoire. Nous en dirons autant du demandeur, s'il s'agit de condamnations prononcées contre lui sur demandes reconventionnelles. La raison en est qu'en répondant à celles-ci, il jouait le rôle de défendeur. On peut, à cet égard, se reporter à l'ordonnance de 1535.

Si le demandeur, après avoir triomphé, est en retard pour faire liquider ses dommages-intérêts, l'article 27 Pr. civ. ne permet pas qu'il offre caution pour pouvoir passer outre : c'est au juge à fixer le délai de la liquidation. La cession de biens organisée, suivant l'article 1268 du Code civil, ne peut remplacer l'exécution du jugement pour ce qui nous occupe.

Le tribunal ne peut appliquer d'office l'article 27 Pr. civ. L'intérêt privé y est intéressé, et non l'ordre public.

Malgré la règle posée par l'article 27, § 1, Pr. civ., si le défendeur demande la rescision ou la résolution d'un contrat par lequel il a aliéné un immeuble, comme conséquence subsidiaire d'une action purement personnelle qu'il intente conformément au droit, sa demande serait accueillie, l'instance possessoire n'étant même pas encore terminée.

La possession n'emporte pas une présomption légale de propriété : car aucune loi ne lui attache cet effet (voir article 1350 C. civ.). Si celui qui a perdu au possessoire a le fardeau de la preuve au pétitoire, c'est qu'alors il est demandeur : *actore non probante, reus absolvitur.* Mais si le juge de paix, conformément au système de la Cour de cassation, prononçant la récréance ou le séquestre, n'a rien statué au fond sur la possession, sur qui retombera la preuve ? Il semble que c'est toujours sur le demandeur, quelle que soit la partie qui attaque au pétitoire. Cependant, comme la position des parties est égale, on soutient que la charge de la preuve retombe également sur toutes les deux. Nous croyons devoir rejeter cette dernière solution. En effet, puisque le juge (ce que nous avons combattu) laisse la question de possession indécise, le droit ordinaire doit être seul appliqué au pétitoire, quelle que soit la partie qui intente l'action. Or, quel est-il? *Actore non probante, reus absolvitur.* L'effet véritable du triomphe au possessoire est de permettre au gagnant de ne pas prendre le fardeau de la preuve, en attaquant lui-même.

Celui qui fait la preuve au pétitoire peut combattre l'effet du jugement rendu au possessoire, même par la preuve testimoniale et les présomptions graves, précises et concordantes, en observant les conditions des articles 1341 et suivants, et celles de l'article 1353. La cour suprême nous paraît fixée dans ce sens (arrêts 31 juillet 1832, 10 janvier 1860.

Une personne s'est fait maintenir en possession d'une servitude: il ne reste au propriétaire du fonds servant que l'action négatoire portée devant les tribunaux ordinaires. Sur qui doit retomber le fardeau de la preuve? Nous répondrons, avec MM. Delvincourt et Duranton : sur celui qui intente cette action : *Actore non probante, reus absolvitur*. C'est ce qu'enseignait Ulpien en droit romain (loi 8, § 2, *Si servit. vindic.*). Mais il faut entendre cette réponse dans un sens raisonnable. Il est certain, en effet, qu'il est bien difficile d'apporter la preuve absolue d'un fait négatif : aussi pensons nous qu'il suffira au propriétaire du fonds qu'on veut tenir assujetti, de produire un titre qui lui en attribue le domaine libre et sans restrictions pour ce qui concerne la servitude. La prescription même peut être ce titre.

Tant que le propriétaire n'a pas eu gain de cause au pétitoire, le possesseur annal conserve la jouissance de l'objet du litige. Il doit en jouir sans porter atteinte au droit incertain de l'adversaire. S'il en était autrement, le juge pourrait ordonner le séquestre (article 1961 du

Code civil), mais sans désigner pour le séquestre l'autre partie : ce serait aller trop ouvertement contre l'effet de la décision rendue au possessoire.

La sentence rendue par le juge de paix sur la possession est essentiellement provisoire, et il n'est pas juge de la question de bone foi qui se rattache à la possession. On en tire pour conclusion que celui qui, après avoir triomphé au possessoire, succombe au pétitoire, peut être condamné à la restitution des fruits perçus même depuis le jugement rendu par le juge de paix, si sa mauvaise foi est établie. Il ne peut en être de même pour les dépens et dommages-intérêts payés par son adversaire en vertu de ce jugement. S'il n'en était pas ainsi, on violerait d'une manière évidente l'autorité de la chose jugée.

Le demandeur au pétitoire ne sera plus recevable à agir au possessoire (art. 26 Pr. civ.). Tel n'était pas le système suivi dans le droit romain (loi 18, § 1, *de Vi et de vi arm.*), ni dans notre ancien droit. Cette disposition du droit moderne a pour résultat d'abréger les procès, et se fonde sur ce que la demande au pétitoire prouve qu'on a renoncé à l'avantage de la possession. On voit que l'article cité ne parle point du défendeur, qui peut, malgré la demande formée par l'adversaire au pétitoire, l'actionner au possessoire pour troubles antérieurs ou postérieurs à celle-ci.

Supposons que l'action soit portée *de plano* au pétitoire : le demandeur, ayant renoncé par là aux avantages de la possession, a pris la charge de la preuve. Mais s'il est reconnu possesseur annal, par exemple, par l'aveu de l'adversaire, la preuve retombera-t-elle à la charge de ce dernier ? Les arrêts des cours et tribunaux ne nous apportent à cet égard que des idées confuses. La question, selon nous, ne doit se résoudre que de la manière suivante : Le demandeur ne peut établir au pétitoire sa possession annale indépendamment du droit de propriété, pour en recueillir les avantages : autrement, il violerait les degrés de juridiction. Si le défendeur avoue de son plein mouvement la possession annale du demandeur, la solution doit rester la même. Les choses doivent se passer comme si cet aveu avait lieu devant un tribunal correctionnel; celui-ci n'est pas juge de son mérite. Les auteurs qui ont abordé cette difficulté, nous semblent avoir oublié une chose : l'effet de la possession annale reconnue au possessoire n'est pas précisément d'obliger celui qui ne l'a pas à la preuve de son droit, sans distinguer si l'action au pétitoire est engagée par lui ou le possesseur; cette possession permet seulement à celui qui en jouit, d'attendre son adversaire, qui, pour empêcher la prescription, est presque obligé d'agir au pétitoire. Il faut donc toujours respecter ce principe, que le demandeur doit prouver ce qu'il avance, et, *actore non probante, reus absolvitur.*

On s'est demandé si l'action publicienne continue de subsister. Cette action était accordée autrefois au possesseur qui, s'appuyant sur un juste titre et sa bonne foi, était troublé dans sa possession ou venait à la perdre. Elle a passé du droit romain dans notre ancien droit : voir ce qu'en dit Pothier. On suppose que le possesseur dont nous parlons, n'a pas la propriété de l'objet litigieux. Voici les distinctions que nous avons adoptées. Si celui qui a juste titre et bonne foi, a d'ailleurs la possession annale, l'action publicienne, ne lui est pas indispensable pour se faire maintenir en possession. Dans le cas où cette possession lui fait défaut, sans doute, il peut succomber au possessoire, si son adversaire est possesseur annal; mais, en portant son action au pétitoire, il ne pourra l'emporter, si le défendeur établit que le demandeur n'est pas propriétaire. Le tribunal, ne pouvant, en effet, reconnaître à celui-ci un droit de propriété, ne peut pas davantage ravir au défendeur son droit de possession, sans violer l'autorité de la chose jugée. On nous dit: Pourquoi préférer le possesseur annal à l'acquéreur de bonne foi? Nous répondons: Pourquoi préférez-vous l'acquéreur de bonne foi au possesseur annal, puisque la loi se montre au possessoire si peu soucieuse de la mauvaise foi du possesseur, qui triomphera toujours au pétitoire, si le demandeur succombe sous le fardeau de la preuve? Il peut arriver, en effet, que le possesseur attaqué au pétitoire confesse sa mauvaise foi, sans établir pour cela la propriété du demandeur. Si les deux parties n'ont ni l'une ni l'autre la possession annale, il nous semble que le juge au possessoire devra renvoyer le défendeur.

Si deux personnes ont acheté le même immeuble du même vendeur, et qu'au possessoire elles reconnaissent la validité et les énonciations des deux contrats de vente, ainsi que les dates des transcriptions qui ont dû être faites, celui qui le premier a fait transcrire au bureau des hypothèques, jouira du bénéfice de l'accession en ce qui touche la possession du vendeur.

CHAPITRE XI.

Du cumul du Pétitoire et du Possessoire.

L'ordonnance de Montil-les-Tours, 28 octobre 1446, défendit seulement d'instruire ensemble les actions au pétitoire et au possessoire (les mêmes juges étaient compétents pour l'une et pour l'autre). Celle d'Is-sur-Tille, 1535, dispose qu'il faut avoir satisfait entièrement aux condamnations du possessoire pour intenter l'action au pétitoire. Mais le droit moderne, qui a soumis ces actions à des juridictions différentes, se résume en ces termes : « Le possessoire et le pétitoire ne seront jamais cumulés » (art. 25 Pr. civ.).

La citation ne peut être conçue de manière à porter les débats sur le fond du droit. S'il en était autrement, le demandeur pourrait modifier ses conclusions devant le juge, avec l'obligation de les notifier à la partie qui ferait défaut. Cette prohibition doit être appliquée avec sagesse ; les expressions ambiguës doivent s'interpréter dans un sens favorable à la demande; et si le demandeur offre de prouver plus que l'objet du possessoire, *utile per inutile non vitiatur*.

Le juge de paix devant ne rien décider en ce qui concerne le fond du droit, c'est au dispositif qu'il faut plutôt s'attacher pour savoir si cette règle est violée. On reconnaît qu'elle est méconnue, toutes les fois que la sentence rendue au possessoire préjuge les difficultés réservées au juge du pétitoire, et que son exécution est susceptible d'entraver l'action qui doit rester au propriétaire.

Le juge de paix ne doit point appuyer ses décisions au possessoire sur des motifs empruntés entièrement au fond du droit. Est-ce à dire qu'il ne peut jamais se livrer à l'examen des titres? Non. Il doit en tenir compte toutes les fois qu'il s'agit de caractériser la possession. Est-elle précaire, ou non? est-elle appuyée sur un titre, ou non, en matière de servitudes discontinues? est-elle (suivant l'article 2229, qu'on applique au possessoire) connue ou non du propriétaire? Tels sont quelques-uns des caractères de la possession que les titres peuvent contribuer à établir. Ce n'est donc qu'au point de vue de la possession qu'il faut apprécier ces derniers. Le juge de paix n'aura donc pas à décider s'ils ont vraiment transféré la propriété; mais s'ils sont, d'après la forme de l'acte, capables de caractériser la possession et d'opérer l'accession. Il peut se faire que la validité des titres soit contestée devant le juge de paix. Il est évident que ce juge est incompétent pour statuer sur cette dernière, puisque, les questions qui touchent au fond lui étant refusées, il ne peut en connaître d'une manière indirecte. Mais devra-t-il trouver une question préjudicielle dans celle qui s'élève sur la validité du titre? Nous aurions de la peine à suivre les discussions ardues qui sont nées de cette difficulté. Voici, en peu de mots, quelle est notre manière de voir : s'agit-il de nullités qui ne résultent pas de la seule inspection du titre produit devant lui, la contestation qui porte sur la validité de celui-ci, n'élève néanmoins pas une question préjudicielle. Le juge du possessoire, en effet, n'apprécie pas les titres pour savoir si le droit de possession, pas plus que la propriété, est établi par eux; mais pour reconnaître les caractères que revêt la possession. Si la nullité se révèle, au contraire, par l'inspection du titre même, nous sommes d'avis que le juge ne doit pas tenir compte de celui-ci. Nous lui laissons donc ici un certain arbitraire. Si les principes du droit ne recommandent pas bien ce système, du moins nous croyons qu'il se concilie avec la célérité que réclament les actions possessoires.

Le juge de paix serait compétent si, la validité des titres n'étant point contestée, les parties méconnaissaient leur influence sur la possession, par exemple en ce qui concerne l'accession.

La scission du possessoire et du pétitoire nous semble avoir été établie dans l'intérêt des parties.

Lorsque le juge de paix a cumulé le possessoire et le pétitoire, si, en cas d'appel, le tribunal infirme son jugement, les juges ne procèdent point comme juges du pétitoire, mais comme juges du possessoire: ils n'ont donc pas à statuer sur la propriété.

Il reste bien des hypothèses à prévoir, des difficultés à résoudre, pour régler la scission du possessoire et du pétitoire. S'il fallait les parcourir toutes, l'étendue de cette thèse en serait considérablement augmentée, et encore ne pourrions-nous pas nous flatter de l'avoir rendue complète. On s'est dit qu'il fallait, pour les affaires possessoires, une procédure expéditive. On aurait dû réfléchir aux innombrables difficultés qu'elles peuvent soulever, particulièrement la défense de cumuler le possessoire et le pétitoire; on aurait dû songer que toutes ces affaires sont sujettes à appel. On aurait pu s'imaginer que le juge du possessoire, abstraction faite de la crainte de voir ses jugements infirmés, prendra, pour satisfaire sa conscience, bien son temps et ses mesures, afin d'éviter une erreur. Il est vrai qu'il existe un article de loi assez pressant. (article 39 Pr. civ.; mais, comme au bout de cet article on ne découvre point de sanction, son effet demeure presque anéanti. Les frais, il faut l'avouer, sont moins considérables devant les juges du possessoire que devant les autres: aussi les usurpateurs de raies ou de sillons en sont-ils plus hardis, et les propriétaires n'en sont pas plus diligents.

Tant de difficultés et d'obstacles nous semblent provenir de la séparation établie entre la possession et la propriété. Ce n'est point par des divisions qu'on simplifie toujours les choses. On répond que cette séparation est imposée par la nécessité, et qu'elle a commencé au berceau de la civilisation, mais qu'en théorie elle est plus difficile à justifier. Soit; mais nous croyons qu'une autre source des embarras signalés se trouve dans l'attribution du possessoire et du pétitoire à deux juridictions différentes. Celui, en effet, qui possède deux sciences, sait toujours mieux distinguer ce qui les rapproche ou les éloigne. Nous pourrions encore apporter d'autres raisons à l'appui de notre opinion; mais nous nous bornerons aux réflexions suivantes.

Nous ne sommes point ennemi du progrès. Qui pourrait l'être? Mais il faut le voir où il existe. Nos pères nous ont légué plusieurs institutions qu'il eût fallu peut-être mieux respecter. Ainsi, autrefois les mêmes juges connaissaient des questions qui sont dévolues, les unes au possessoire, les autres au pétitoire. Il n'eût pas fallu céder à un entraînement qui, à nos yeux, prit plutôt sa source dans le trouble et l'esprit d'innovation qui accompagnent et suivent toujours les révolutions. Nous croyons seulement que l'on devait perfectionner une institution judiciaire que l'on a renversée. Ce n'est point dans les ruines et les changements qu'il faut surtout chercher le progrès véritable et la perfection : on les rencontre en ajoutant lentement à l'édifice qu'on élève, et en modifiant le moins possible.

POSITIONS

Droit romain.

I. L'origine de la possession remonte au berceau de la cité romaine.

II. Nous ne cessons point de posséder l'esclave qui, s'étant dérobé à notre surveillance, a pris la fuite. Nous pouvons donc, si nous n'en sommes pas encore propriétaire, l'acquérir par usucapion, à moins que les circonstances ne fassent présumer de notre part un abandon, ou que l'esclave ne soit déclaré libre.

III. L'héritier, étant saisi de tous les droits du défunt, n'a pas besoin de posséder lui-même pour acquérir, par usucapion, la propriété de biens que le défunt a laissés, sans en avoir encore acquis le domaine.

IV. Nous pouvons, à notre insu, acquérir la possession par une personne libre; mais nous devons en avoir connaissance, pour que l'usucapion ait lieu.

V. Plusieurs personnes peuvent posséder pour le tout une même chose. Cette question est controversée.

VI. Nous ne pouvons prendre possession d'une hérédité par l'esclave qui en fait partie, à moins que nous ne le possédions à un autre titre que celui d'héritier.

VII. L'interdit *Uti possidetis* n'est pas nécessairement un interdit double.

VIII. Le bailleur troublé dans sa possession par le locataire, peut agir contre lui par l'interdit *Uti possidetis*.

IX. Sous Justinien, les interdits *Uti possidetis* et *Utrubi* sont entièrement assimilés au point de vue de la possession qu'ils protégent.

Droit civil français.

I. Le droit de possession est un droit réel.

II. La saisine possessoire, telle qu'elle est admise chez nous, est d'origine française.

III. Si un propriétaire néglige longtemps de rebâtir des bâtiments détruits, on peut présumer qu'il a d'abord renoncé aux servitudes qui en dépendaient. Cette appréciation peut varier avec les circonstances.

IV. La possession, pour être paisible, ne doit pas être continuellement attaquée par celui qui nous la conteste. La coutume de Paris l'enseignait autrefois.

V. En matière de possession, nos auteurs sont ceux des mains de qui nous recevons la possession. Nous pouvons joindre leur possession à la nôtre.

VI. Depuis l'abolition de la contrainte par corps en matière civile, la réintégrande ne doit point, selon nous, être distincte de la complainte.

VII. Les universalités de meubles sont susceptibles d'une possession distincte de la propriété même, et le bénéfice des actions possessoires leur est applicable.

VIII. Le créancier antichrésiste, quoique payé, demeure détenteur précaire de l'immeuble qu'il n'a pas restitué, à moins qu'il n'y ait interversion de titre.

IX. Le juge du possessoire peut ordonner la démolition des ouvrages qui portent atteinte à la possession.

X. Il n'est pas compétent pour fixer l'indemnité que le propriétaire du sol peut devoir au constructeur, suivant les distinctions de l'article 555 du Code civil.

Droit administratif.

I. Les tiers ne peuvent se disputer entre eux la possession d'un immeuble qui dépend du domaine public.

II. Si, dans la plantation des haies qui bordent les chemins de fer, l'article 671 du Code civil a été violé, le propriétaire qui en souffre peut agir au possessoire, pour s'assurer ainsi le moyen d'obtenir une indemnité.

III. La dispense d'autorisation que la loi accorde aux communes pour plaider au possessoire, n'embrasse que le premier degré de juridiction.

IV. Le déclassement d'un chemin qui fait partie du domaine public, peut résulter d'un cas de force majeure.

V. Les particuliers qui croient avoir à se plaindre d'ouvrages faits sur les cours d'eau du domaine public, ne peuvent, au possessoire, en obtenir la destruction.

Droit pénal.

I. La connaissance seule du fait primitif soumet le complice aux aggravations qui résultent des actes accessoires.

II. Le tribunal de police qui renvoie le prévenu, peut lui accorder les dommages-intérêts qu'il réclame contre la partie civile; mais il n'en peut accorder à cette dernière.

Droit commercial.

I. La caution qui a payé au créancier un à-compte depuis la faillite, ne peut concourir avec lui en se présentant à la masse du failli.

II. Le propriétaire qui fonde un établissement pour transformer les produits naturels de son domaine, peut, suivant que cet établissement est l'objet principal ou l'accessoire du fonds, être réputé commerçant.

III. Si le tireur d'une lettre de change tombe en faillite, le porteur n'a pas droit à la provision par préférence aux autres créanciers du failli.

Vu :

Le Doyen, Président de la Thèse,

SERRIGNY.

Vu et permis d'imprimer :

Le Recteur,

L. MONTY.

ERRATA.

Page 45, ligne 2 en remontant, *au lieu de* institué, *lisez* partiaire.

Page 46, ligne 9, *à ces mots* que l'adition, *ajoutez* jointe à la prise naturelle de possession.

Page 49, ligne 15, *au lieu de* contraire, *lisez* conforme.

TABLE DES MATIÈRES

DROIT ROMAIN.

DROIT FRANÇAIS.

Imp. J. Marchand. — Dijon

www.ingramcontent.com/pod-product-compliance
Lightning Source LLC
Chambersburg PA
CBHW070510200326
41519CB00013B/2770
* 9 7 8 2 0 1 9 5 8 2 2 5 8 *